Joe Wasteman

Einfache Gedichte

Vorwort:

Ich mache seit vielen Jahren zu allerlei Gelegenheiten immer wieder Gedichte. Meistens sind das Anlässe wie Geburtstage, Jubiläen usw. Zu meinem runden Geburtstag fasse ich ein paar davon in einem Büchlein zusammen. Als Vortragender dieser Reime war ich leider oft nervös, verhaspelte mich oder las zu schnell. Aber nun könnt ihr es ja selbst versuchen beim Reden in einen Fluss zu kommen und die richtige Betonung der Endsilben zu finden. Meine engste Familie kommt noch nicht vor in diesem ersten Büchlein. Da möchte ich mir noch Zeit lassen und dann einen eigenen Band über meine Sippe machen. Ich hoffe euch gefällt der eine oder andere Reim und ich beleidige niemanden damit. Das Umschlagbild ist von meinem Freund Oskar Stocker. Danke speziell an alle die Vorlage für meine Gedichte waren und an meine Frau die mich ermutigt hat immer wieder neue Verse zu machen. Reinhard Siebenhandl war es schließlich, der mich überredete das Bücherl tatsächlich umzusetzen.

Danke, alles Liebe, gsund bleim

Euer Joe Wasteman, alias Josef Thon

Impressum

Bibliografische Information der Deutschen Nationalbibliothek: Die Deutsche Nationalbibliothek verzeichnet diese Publikation in der Deutschen Nationalbibliografie; detaillierte bibliografische Daten sind im Internet über dnb.dnb.de abrufbar.

© 2021 Josef Thon
Herstellung und Verlag: BoD – Books on Demand, Norderstedt
ISBN: 978-3-7526-9130-6

Inhalt

Zum Anfang **11**

Zum 60er 11

Ich ein Dichter ?.. 14

Sex im Netz 15

Ich, dein Zahnspangerl 17

Zahlen wir es Ihnen heim 19

Manche Journalisten sollten besser reimen 23

Lobau Gelsen 26

Fast zerdrückt.... 29

Wünsche.. 30

De 48er Mistbuam und ihre Zertifikate.................... 32

48er Gedicht.. 36

Da Ungustl und de Wehist Wotscha.......................... 38

Des Mistküberlhaus in Hernois 42

Verschlafenes Wien.. 46

Zum Valentinstag.. 47

Valentinstag SMS.. 50

Nun wurde gewählt.. 51

Weihnachten **54**

Weihnachtsgedicht an die BAL´s 54

Merry Christmas, Tandler Band.................................. 58

Freunde **61**

Kochen mit Hubsi, dem Flexiben 61

Admiral Janu 62

Gedicht für ungeduldigen Wögerer 65

Hochzeit Prokop und Zheng Li 68

Ernsteres **69**

SMS eröffnet eine Schattenwelt 69

Der Hai 71

Boy Group 72

Net oft verliebt 74

Geburtstage **75**

Lady Sunshine, Anita 75

Roman: Zum 40er pass ma zam 78

Der Förster ist ein Admiral? 82

Korporal Mani 50 86

Monika 50 91

Pauki 50er 96

Rainer 50 100

Roman 50 104

Dennis Geburtstag 110

Rainer Weisgram 59 113

Lieber Franz B. 115

Franz Bischof 60 119

Gaby 60 122

Heinz 60 129

Hubert is flexibel, a mit 60 133

Siebi 60 139

Karl 60 142

Spaßgedicht fürn 60er-Karl 150

Unser Theo Schwarz 151

Hans Sailer 70 155

Der Herbert Winkler is jetzt 70 Johr 159

Der XX-Geburtstag (Inge) 162

Mama 70 169

Schitzhofer Theo 70 175

Ferdinand 80 179

Giovanni 80 184

Güntschi, ein Geburtstag 188

Verwirrende Tandler Jahresrede 2015 190

Blödes und Schüttelreime **191**

Heiliger Antonius, hilf! 191

Müsliriegel 193

Wofür ist Actimel gut? 194

Die Barbie Puppe 196

Einstein 201

Fliegenpracker 203

Fremdsprachen 205

Knoblauch 207

Zum Schluss **209**

Sailers Abschied 209

Zerobins Ruhestand.. 213

Der Erich und der Franz.. 218

Zum Abschied von Wolfgang Schifferle.......................... 223

Nur nix erben... 225

Pfiat euch Gott 227

Mei Obgaung 229

Zum Anfang

Zum 60er

Ihr seht´s mirs an, an meinem Gesicht
Wurscht ist mir dieser Geburtstag heute nicht!
Unvermeidlich kam er herbei, dieser Tag
An dem ich: „I bin nun 60!" zu euch sag.

Die Kindheit ist schon lange her
und manch Erinnerung ist so, als wär
ich in einen Film, in an Kino drin
Kanns gar net glauben, dass ich so alt schon bin.

60, das waren früher **alte** Leute
Aber sieht man die 60er-Menschen heute
Sind sie oft agil, und voll im Leben
Und auch mir wurde – Gott sei Dank - dieses Glück
    gegeben.

Ich wollt ein Fest mit euch heut machen
Wo wir uns erzählen von den erlebten Sachen
und mich bedanken bei euch für mein Lebensglück
Denn jeder von euch ist davon ein Stück.

Kann unmöglich jeden einzelnen im Gedicht erwähnen
Ihr seid zu viel, würdet doch bald gähnen …
Obwohl einiges davon wäre schon berichtenswert
Und bei manchem ist wohl besser wenn´s ja keiner hört!

Ich entschloss mich daher zu einem anderen Versuch,
schrieb seit Jahren Gedichte und machte draus ein Buch!
Dieses Werk kann der, wer Lust hat, bei Gelegenheit
    studieren,
ich werde nun a paar Beispiele draus rezitieren.

Verzeiht´s mir, dass ich diese Zeit mir nun nehm
Aber ehrlich gesagt, es ist auch sehr scheen
Vor euch, erlauchtes Publikum, ein paar Gedichte
    vorzutragen

Zum 60er stehle ich euch diese Zeit, ich glaub das darf ich heute wagen.

Also, nehmt´s euer Glaserl in die Hand, und hörts mir kurz zu

Ich bin am Anfang immer leicht nervös, I hoff das mi net verstottern tu!

Nehmt diese Reime als einen euch noch nicht bekannten Teil von mir

Aber nach 60 Jahren, ist das meiste andere ohnehin bekannt schon hier.

Danke für euer Kommen, die jahrelange Freundschaft, und nun die Zeit zum Vorlesen,....

ohne euch wären die ersten 60 Jahre leer und nie so schön gewesen.

Ich ein Dichter ?

Dichter bin und war ich keiner!

Genaugenommen bin ich ein Reimer.

Füge zusammen so gut ich kann

Worte, bloß nach ihrem Klang.

Wenn´s dann doch an Sinn ergibt

was ich da hab zusammengefügt,

dann freu ich mich irgendwie schon sehr...

Und fühl mich so, als ob ich do a Dichter wär!

Sex im Netz

Du meinst doch nicht, ich sitze locker

hier cool auf meinem Gemeindehocker.

Hab nix zu tun, drum tue ich reimen

damit mir net fad is,... des tust von mir meinen?

Doch – falsch - so is des wirklich nicht!

Betracht es mal aus meiner Sicht

Ich brauch Entspannung dann und wann

Damit i den Stress der 48er abbauen kann.

Andere die surfen hierzu im Netz

Schauen Nackedeis an und haben ihr Hetz

Doch mich, mit meinem Intellekt

Hat so was immer nur abgeschreckt.

Du weißt, Nackte – also die im PC - interessieren mi
    nicht

Da reime ich lieber ein kleines Gedicht.

Und meine Reime sind auf Dauer schön, ohne Falten

Während die Nackerten im PC? Die ghören schon bald zu
    den Alten.

Ich, dein Zahnspangerl

Ich möchte so gern sein, dein Zahnspangerl,

immer fixiert, zwischen deine Wangerl.

Bräucht mich nicht nach dir zu sehnen

Du hielts mich fest mit deinen Zähnen.

Über mich käme Atem in deine Lunge

Und ständig berührt´ ich zärtlich deine Zunge

Verstohlen – wie Adam, auf´s verbotene Apferl

Schau ich in dich hinein, vorbei am Zapferl.

Aber legst mich dann am Morgen weg.

Kümmert dich um mich an Dreck

Warte ich den ganzen Tag im Becher dort

Bin ganz allein, denn du bist fort.

Und sind deine Zähne erst mal gerade

Legst mich als Erinnerungsstück in eine Lade

Holst mich nur mehr zum Spotten hervor,

Sagst: „schaut´s wie hässlich ich einmal wor!"

Zahlen wir es Ihnen heim

Wir leben in einer super Zeit

nie ging's den Leut so guat wia heut

trotzdem wird's in mein Mogen flau

wann i in da früh in ihre Zeitung schau!

Mörder, Unglücke und Idioten

kriegst auf jeder Seite geboten

a Nockate zum drüberstraaen

guat...sonst drahert si der Leser auf Seite 6 scho ham!

Am Anfang kommt ein Dieb; logisch-Ausländer!

dann fast schon uninteressant: ein Kinderschänder

und weiter hinten im Sportteil jeder liest

das für uns der Fußball sooo wichtig ist!

Nix außer negativem Karma

und jeden Tag dasselbe Drama!

doch könnten wir des enden lassen

und den Zeitungsfuzzys eine verpassen:

a) wir sollten ihre Zeitung nimmer kaufen

und b) das damit gesparte Geld versaufen

in diesen Zustand kommt dann c)

an Leserbrief, der würde net schee:

„Sehr wenig geehrte Journalisten!

Künftig gilt: nur wenn mir dringend müssten,

greifen wir nach ihren verblödeten Blatt

und zwar dann, wenn uns des Klo Papier ausgehen tat.

Aber genaugenommen glaub ich doch

das i mir lieber in die Hosen moch

denn, ehrlich, ihre Zeitung ist fürwahr

netamoi meinem Arsch mehr zumutbar!"

Manche Journalisten sollten besser reimen

„Auf der Welt, wenn man's genau betracht´
gehören noch viel mehr Gedichte g´macht.
Weil es eckt ja eh oft mühsam unser Leben
da könnt do ein Reim schon sein ein Segen.

Ist er dann auch noch mit irgendeinem Sinn erfüllt
der das Hirn mit allerlei Erquickenden stillt
gleitet man leicht ab in eine angenehme, fiktive Welt
die man dem realen Leben gern gegenüberstellt."

So schrieb ich einigen Journalisten, dies als kurzes
    Gedicht
weil, ehrlich, ich glaub anders verstehen die wohl nicht
welche Einfallspinsel in meinen Augen sie eigentlich sind
mit einem IQ von einem mäßig sympathischen Kind.

Ich möcht mich nicht länger ärgeren über sie, sicher

nicht mehr!

zugegeben es fällt mir anfänglich wahrscheinlich noch

schwer

Ihren „Journalismus" aus meinem Hirn gänzlich zu

verbannen

in das sie ungerechtfertigter Weise zu oft hineinkamen.

Der Unsinn den sie täglich in ihrem Blatt verzapfen

sitzt in meinen Kopf tief, wie Marmelade in an Krapfen

und analysiert man ihren Gedanken nach, bis zum Grund

stellt man eindeutig fest: des was schreiben, ist nur

Schund!

Also schloss ich:

„Hören sie auf so zu schreiben, bitte, machen´s ein

Gedicht

Zwar, inhaltlich reduziert sich ihr geballter Unsinn,

fürchte ich nicht...

Wäre aber ihre banale Kolumne geschrieben in

Gedichtform, als Reim,

S´wär ein Versuch wert, ...sie könnt vielleicht

    erträglicher sein!"

Lobau Gelsen

Auf unseren Hälsen saßen die Gelsen,
die bis zum Rand von unserem Gwand,
uns Blut aussaugten, ohne Respekt,
sie flogen weg, bevor mans checkt!

Am helllichten Tach, a jede stach,
wir waren geschwollen, bekamen Knollen,
und vom Kratzen heraus kam weiteres Blut,
was no mehr Gelsen zum Saugen einlud!

In unserer Not, am kleinen Boot,
gab es kein Fleckerl und a kein Eckerl,
wo nicht jeder betete um himmlische Gnad,
die aber kein Heiliger erhöret hat!

Wie auf der Titanic, völlig in Panik,
verließ ich den Ort, und sprang von Bord,

hinein ins Nasse war meine Devise,

dann rüber schwimmen, hin zur Wiese.

Es anders aber kam, da war a Bam,

den i net sehen kunnt, weil im Wasser unt´,

es schlug mein Kopf dort feste an,

dass noch mehr Blut zum Vorschein kam.

Nach einem Fluch, band ich ein Tuch,

rund um die Stirn, damit das Hirn,

nicht auch die Gelsen kriegen zum Fraß,

doch was glaubt`s ihr, was nützte das?

Nix! Im Gegenteil, sie wurden geil,

auf den süßen Geruch, vom Blut am Tuch,

und nutzen vortrefflich diese Landebahn,

und suchten verstärkt mein Gesicht nun ham.

Mit nassem Gewand, am Ufersrand,

psychisch gebrochen, kalt bis auf´d Knochen,

erreicht ich die Stadt erst im Mondeslicht,

bleich und verschwollen, so war mein Gesicht!

Ich wurde zum Hasser, von dem Lobauwasser,

wo hungrige Gelsen, saugen aus Hälsen,

das süße Blut wie ein transsilvanischer Vampir,

nie mehr Lobau, das schwor ich mir!

Fast zerdrückt....

Als Kind wurde ich fast zerdrückt
drum ging ich lange Zeit gebückt
obwohl ich schon groß war, hatte ich Angst
bis du da warst, in mein Leben kamst!

Erst hab ich mich für dich verstellt
ich hoffte, könnt sein, so wies dir gefällt
dann hatten wir uns gegenseitig gefunden
durch dich hab ich meine Angst nun überwunden!

Bei dir darf ich sein was ich Nie war
ich bin dein Mann, für dich ein Star
du hast geschafft, dass ich mich mag
ein Grund mehr, das ich: ich lieb dich, sag!

Wünsche

Lisa sagt zur Mama: ich bitt dich

Schenk mir doch an Wellensittich

Oder bitte, bitte gleich ein Pärchen

Das wär schöner als ein Märchen.

Andrea stimmt in den Chor nun ein

Ein neues Handy, das wär fein

Mit Bild Funktion und MP3

Im Media Markt gib´s es – fahr ma glei.

Und Mama sagt: „und was krieg ich?

Wer denkt endlich einmal an mich?

Ich brauch a Gewand und neue Schuh

Aber ihr wollt´s immer nur selber was dazu!"

Der Paps hört scheinbar das raunzen nicht

Verzieht keine Miene im Gesicht

Mit geschlossenen Augen tut er Kaugummi kauen

Und denkt sich nur ans...org sans, de Frauen!

De 48er Mistbuam und ihre Zertifikate

Die orangen Mistbuam und de Feger

Kennt in Wien a wirklich jeder

Mit dem 48er logo auf der Seiten

Sicht man sie a schon von der Weiten

Ob nun mit Kübel als Müllaufleger

Oder mit Putzzeug, als Straßenfeger

Sie san so schnell, als gings um die Wett´

Die Damen und Herren vom Karottenballett.

Vom Hackeln hat mancher, ja das hört ma

Wie der Bruce Willis einen Körpa

Aufs Mundwerk san sie net grad gfoin

Was manche unangenehm schon g´merkt ham wollen.

Aber sie san anderereits auch sehr hilfsbereit

Helfen den schwachen und gebrechlichen Leit

Zum Beispiel beim Aussetragen von ernan Mist

Des ist in unserem Wien so, weils ebenso ist.

Aber mehr no, sie arbeiten a super, wo mans net weiß

Dafür gibt es auch an schriftlichen Beweis

nämlich neue Qualitäts-Zertifikate

Die vor der 48er wirklich noch keiner hatte

Ob Deponie oder Abschleppgruppe

In der Werkstatt oder in der Planungstruppe

Selbst in der Kübelwäscherei

Alle waren's bei der Überprüfung nun dabei.

Zerlegt haben die Auditoren nach fixen Normen

Meinen Kollegen, diese Ormen

Aber nicht umsonst ham wir uns geplagt

Nun ist es amtlich, wie man formal sagt.

Wien ist sehr sauber, aber net von allein

Es könnt nicht funktionieren, tät kein System dahinter
  sein

Nach den Wienern haben´s nun auch de Prüfer erkannt

Wenn´s in Wien Sauber ist, wird immer „die 48er"

genannt!

48er Gedicht

Den Mist hast gestern in an Kübel gschmissen

Du liegst noch faul auf deinem Kissen.

Es ist erst sechse in da Fruah

Da kummt schon die 48er, de Müllabfuhr.

Am Gürtel hams schon putzt, mitten Besen.

Schauts aus, als wär´s nie dreckig gwesen

es ist wieder sauber heit, wias ghört und wor.

waun i in da frua mittn Auto in de Hocken fohr.

Und foit da erste Schnee mit großen Flocken

Turn die 48er net faul im Zimmer hocken.

Na, se schaufeln fleißig, und ohne Gemurr

ziagt erna Pflug in Wien die erste Spur.

Und du mogst dich trotzdem jetzt no beschweren ?

Weil a letztes Hundstrümmerl tut di no stören

So ruf an beim freundlichen Misttelefon

....und kurz drauf kümmern sich de Waste Watcher
schon.

Da Ungustl und de Wehist Wotscha

De Leit behaupten das i a Ungustl wa
und deswegen -manans- bin i a allan.

Des stimmt zwor net, oba es is der Grund
i red nix mit Leit' mehr , red mit mein Hund!

Mit dem geh i in der Fruha und a auft Nocht
wobei mei Wuffi immer a Hauferl daun a mocht.

Am lieabsten erledigt er´s Gschäft mitten im Park
wo er sich a scho a fix Platzl ausgsuacht hat.

I drah mi dawei um, und schau gor net hin
weil mir jo so graußt, und i wia gsagt, kein Ungustel bin.

Danoch gemma normalerweis -weil mir miad san-
immer wida schnurrstracks glei Richtung ham.

Doch diesmal, horchts zua, des erzähl i euch jetzt

hot der Arm vom Gesetz mir an Schlag versetzt:

Hinter mir san auftaucht zwa Aufsichtsorgan,
de behaupten von sich, das se Wehist Wotscha san.

Und hätt i´s Gacki aufghom, hätt i´s mir wohl erspart
und es gebert für mi jetzt kein Strofmandat.

Aber so walten sie ihres Amtes, schauen dabei bös
36€ wollens ham, konkret, jo soviel heißt des!

Und a an Ausweis will das Magistrat a von mir
und zwar sofort und auf der selbigen Stelle hier!

Sonst leiten sie akkurat ein offizielles Verfahren ein
und des wird daun noamoi viel teurer für mi sein!

Mir reden daun von mind. 100€
nau servas, des Gackerl is für mi gaunz scheen teuro!

I überleg kurz (Hintergrund: i bin jo stier!)

„Wissens wos", i sog gach, „do haums des Tier!"

„Und i versprich, das i erm a glei wieder hoi,
waun i für sein Scheissen irgendwaun nix mehr zoi!

Druck erna die Leine in de verblüffte Haund
und bin i, so schnell i können hab, weg geraunt.

Jetzt reden de Leit im Haus auf amoi a mit mir:
„Wo is es denn, von ihna, des liabe Tier?".

Und Nochborin, auf de eh scho laung steh,
hot mi auf anmoi einloden auf an Kaffee.

Des mocht sie, i glaub, es is der wahre Grund
Sie hot erm nie ham wollen, mein gackerten Hund!

Mögen die Wehist Wotscha si mit mein Hund jetzta
      plogen,
so bin i erm so los worden, des wollt i eich Ungustln
      sogen.

Des Mistküberlhaus in Hernois

In Hernois stangert heute fost a Haus

des hätt exakt wie a Coloniakübel gschaut aus.

Dort, wo de Müllautos sich nach der Arbeit tuan

    verstecken.

War einst ein Schlochthof direkt an der Lidlgossen-

    Ecken.

Des alles woar früher, in laung vergangener Zeit

Nau guat, de Leut von domois san längst gsturbn scho

    Heit.

Des Kübelhaus wär so riesengroß gewesen

Davon hätt's im Guinness Buch dann sicher gelesen

Weil es keinen größeren Mistkübel je geben hätt

Auf der ganzen, uns bekannten, weiten Welt.

Doch, zu dem Kübelhaus da kam es dennoch leider nicht

und des is echt a wirklich saubleede G´schicht:

Hurcht´s zua: Wir machten einen Ideen-Wettbewerb

So wia sich das bei uns in Wien eben gehört.

Und in die Unterlagen schrieben klar wir hinein:

Das Haus soll genau so wia a Coloniakübel sein!

Damit wollen wir zeigen auf jene Problematik hin

Das´s zu viel Abfall gibt in unserem schönen Wien!

Das Magistrat formierte eine 7 köpfige-Jury

Weil bei einer groden Zahl gibt´s kein Ergebnis, na nie.

Doch war klar welche Entwürfe wollten wir nur sehen:

Als Haus soll einfoch ein großer Mistkübel dort stehen!

Was rauskam war a riesengroße Sauerei

Weil so a Mistkübel war nur ein einziger dabei!

Draufhin is mir der Geduldfoden in der Kommission
  grissen

Denn i bin a net gaunz deppert, des müsst´st jetzta
  wissen

Man kann doch net von so an Schiff an Container

wirklich mit an Mistkübel aus Wien verwechseln könna!

Bei aller künstlerische Freiheit und Interpretation

A Coloniakübel hot doch zumindest an Deckel obn!

Doch nutzte mir ka Schreien und ka Argumentation

Die Meinung der Architekten stand fest ja schon,

sprach's deutlich aus: Lieber Herr Thon, ich mein

des Haus dort wird sicher net a Coloniakübel sein.

Am Schluss wählte man einen Entwurf gegen mich aus

Und ich ging aungfressen auf den Wettbewerb nach
     Haus.

De Ecken in Hernois, könnt heut viel schöner sein

Dort passert nämlich super a Colonia-Kübel-Haus hinein

Und es gingert der Deckel manchmal auf wieder zua

Nämlich daun wenn ich meine Memoiren eine
     schmeißen tua.

Mein Resümee zu so Wettbewerben - steht drin, des
     kann ma sehen!

Sowas passierte mir nimmer, net in mein gaunzen Lem!

Verschlafenes Wien

Die Schüler stehen am Morgen auf
und gehen alleine aus dem Haus
munter ist nur der Kanzler, Sebastian
weil alle andern in Wien laut ihm immer schlafen tan.

Die Straßenbahn fährt von allein
in die Station beim Rathaus rein...
und die Müllabfuhr, ohne zu wecken
kommt dort fahrerlos um die Ecken!

Im Kindergarten ist keiner und a im Spital
operiert ein Roboter, ohne Arzt, im weißen Saal!
Schüler machen ohne Lehrer...(die schlafen)...einen Test.
Weil alle in Wien ja schlafen tief und fest

Blöd ist nur für Sebastian und sein ÖVP-Team
wer soll ihn jetzt wählen, wann´s alle schlafen in Wien!

Zum Valentinstag

Zum Valentinstag schenkt man, ich weiß es genau,

schöne Blumen seiner Frau.

Kost´ zwar heut mehr, aber wenn´s sie freut

Was sei es drum, hab´s nie bereut.

Sie schaut künstlich erfreut, sucht eine Vase

Aus Porzellan oder buntem Glase

Und steck hinein da teure Gestrüpp

Und denkt was ist das denn für ein Typ?

Ich freu mich mehr über goldenen Schmuck

Der sooo gut zu mir passen tut.

Der nicht verwelkt, der mich verziert.

Und net über a Pflanzen, de´d Blattln verliert.

Bin ich dem Typ denn nicht mehr wert?

Als a Blumen de dann a noch gossen g´hört.

Das hat er natürlich – als Frauenkenner -eh längst
gewusst

Das, willst bei ihr gwinna, da mehr mochen muß´t!

Er verpackt ihr a net, wie andre, süße Schokolad´

denn des rächt sich sehr bald, sie wird davon blad!

Nein, er geht für sie gradhin zum Juwelier

Dort san´s a schon freundlich ab der Eingangstür.

Er greift in de Toschen, lässt sich net lumpen,

Nimmt außer a Packel Göd, a rießen Humpen

Uns sogt: „Für Schucki zum Valentinstog heuer

Ist mir sicher nix zu teuer".

Und hofft das diesen Liebesbeweis

Sie auch entsprechend zu schätzen weiß´.

Und sich im Gegenzug zu seiner Großzügigkeit

sich sehr zügig dann von ihrem G´wand befreit.

Ja, ihr seht, wie sehr ich „Romantik" mag:

Ich steh auf Gedichte zum Valentinstag!

Valentinstag SMS

Blumen gib´s zu Valentin
doch die sind sehr bald dahin!

Sie verwelken und werfen ihre Blätter
da ist mein Gedicht doch gleich viel netter!

Alles Liebe und einen virtuellen Strauß
schick ich hiermit zu Dir nach Haus!

Nun wurde gewählt

Nun wurde gewählt

Dann ausgezählt

Vorher geworben

Vor Angst fast gestorben...

Doch nun ist es fix

Mit Schicker ist nix

Du bist drin!

Für Wien ein Gewinn!

Das war's doch, das erklärte Ziel

Stimmen gewinnen, es wurden so viel

Weitertun nun im Umweltressort

We´ve got it now, lets make it, MORE!

Jetzt sogar inklusive dem Vetärinär

Ja des freut uns wirklich sehr....

Glück auf ...

Weihnachten

Weihnachtsgedicht an die BAL´s

Liebe Assistenten und Betriebsabteilungsleiter

Personalisten, Kanzlei: Macht einfach so weiter!

Wir 48er san so guat, das ist schon geil

Und der Grund dafür ist einfach, weil:

Ihr seid die Besten, ich sag das heute

Der Ruhm gehört euch, ihr lieben Leute

Ist auch immer schneller der magistratische Takt

Mit euch macht Freud a jeder Akt.

Ihr peitscht hinaus für mich die Schreiben

Komm nicht mal mehr zum Hände reiben...

Die Unterschriftsmappen werden immer voller

Wurscht, die Zufriedenheit der Wiener a immer toller.

Es sind aber nicht die neue Zertifikate

Auf die ich sehnsüchtig im 2010er warte

Oder ein neuer - noch wichtigerer Preis

Auf den ich wäre gar mächtig heiß....

Nein! Nun möchte ich, das ist mein Wunsch

Das es euch so geht wie mir. Also dann: uns

Namentlich: Das auch ihr findet euer Leben klass

Und habt in der Hocken 2010 a viel Spaß.

Es ist doch so, sieht man´s an genau

Egal ob Mannderl oder Frau

Die meiste Zeit ist ma in dieser Hocken

man soll diese net einfach nur dapocken!

Nein, die Hocken muss euch taugen

euch fordern und manchmoi aussaugen.

Und dann wieder viel zruckgeben, in reichen Maß

Sonst ist sie net leiwand, sonst is a Schass!

Ihr, meine Mitstreiter, und auch ihr -Innen

Wenn mir jetzt auch gleich die Augen rinnen

Ich sags, i bin dankbar und tief gerührt

des habst ihr sicher eh verspürt.

Habt also dies Gedicht von mir als Geschenk

Mit dem ich sagen wollte, also tief drinnen denk

Das ich urfroh bin das ich euch alle hab

Euch alle miteinander sehr schätz und unheimlich mag.

Merry Christmas, Tandler Band

Hört zu! Wer´s no net kennt

Die phantastische Tandler Band

Der hot echt was versamt

Wovon so mancher Teenie tramt!

Se geigen auf de 48er-Herrn

Weil´s no net zum oiden Eisen gehören

Und fetzen mit den gstirlten Instrumenten

Als obs sie es schon immer könnten.

Dabei gib´s die fünf Jungs zusammen

Wirklich noch nicht seit sehr langem

Da haben sich gefunden in der Zentrale,

zum Gründen am 18.November dort. Alle.

Das war anfangs der Joe und der Mandi

Später dann erst der Martin und der Andi

Dann kam zuletzt der Karl mit der Gitarr´

Und der Michl nahm das Abmischen für uns wahr.

Hits hatten sie bislang no nie

Aber „between the devil and the deep blue sea"

War ein Start in ein „Tandler Projekt"

Das jetzt in der Realisierungsphase steckt.

Ohnehin, auch ohne Hits hatten wir es klass

Und gaben jedes Mal auf neue Gas

Und wie bei einem Kind vorm Weihnachtsbaum

Erfüllte sich für uns fünfe ein Kindes Traum!

Danke! Euch Jungs – und den Frauen - für die viele Zeit

Es macht's mir damit a riesen Freud

Und wünschen tu ich zur Weihnacht uns allen zam

Das wir's noch lange so leiwand ham!

Freunde

Kochen mit Hubsi, dem Flexiben

Auch ich bin flexibel bis zum Schluss

bis zum Tag, an dem ich in die Grube muss.

Sei es nun als Asche oder Leiche

dass ich mich von der Erde schleiche...

Aber eins ist jedenfalls für mi eine klare Soch

dass ich vorher noch amoi mittn Hubsi was koch...

Admiral Janu

Im Magistrat gibt´s so viele Häupling´

Das niemand olle davon kennt.

Doch gibt es in der GGU da einen

Den mancher Admiral „Janu" nennt.

Er ist laut GEM Herr des Waldes!

Vom Schneeberg bis zur Rax

bekanntlich ist er auch Chef der Jäger

Von Wildschwein bis zum Dachs!

Als Ehrensenator ist der Frostmann

Auch bei der Buko gern gesehen

Er ist beliebt bei Kollegen und Innen

wir san ein Team, und das ist schön.

Er leitete eine MD-Arbeitsgruppe

Neben dem grünen Förster Job

Ergebnis war: „wenns net kommunizieren wollt´s

Gibst eine drüber mit´n Staffelholz!

Er ist, manchmal auch etwas eigen

Was mich net wirklich weiter stört

Man weiß wozu Admiräle neigen

Sie wollen gelobt werden, hab ich g´hört.

Doch Janu ist: MADE in Nasswald

Ich kenne ihn mehr als 15 Jahr

Ein Bursch auf den Verlass ist

Ein Kolleg´ so wia´s früher (gor net) war!

Erm wünsch ich von ganzen Herzen

Gsundheit und a guate Zeit

Und das es no 15 Johr so bleim mog

Hoch auf Admiral Janu, stoßt an, ihr lieben Leut´!

Gedicht für ungeduldigen Wögerer

(der uns mit Aufträgen grad wieder mal hetzte)

Wirkt die Welt auch zögerlich und verstaubt

wer ist schneller als es das Magistrat erlaubt?

Ungebremst fetzen deine "Orangen" los,

fragst dich nie: "wie macht die 48er das bloß?".

Keine Truppe ist kühner, hat schönere Recken

als jene, die sich im "Orange" verstecken

selbst Jörg aus Kärnten, der möchtegern-
    Kanzlerbezwinger

weiß von uns nur die Ruhmeslieder zu singer.

Doch bei alledem verzeiht -gewährt uns die Bitte - (frei
nach Schilller)

ja machen wir´s doch auch mal zu unserer Sitte

das wir irgendwann mal verschnaufen dürfen,

und zwischen all den Projekten dann mal einen
schlürfen.

Die Drachen wollen wir danach gleich wieder erschlagen

alle Jungfrauen retten und dann auch noch wagen

mit oranger Rüstung und Kabel und Besen

alle Mails und Erlässe im Internet lesen.

Schaufel und Schupferl, Splitt und Karren

werden gegen Fürst Feinstaub in die Schlacht gefahren

Und dort wollen wir für euch kämpfen bis zum end´

damit jeder in 100 Jahren uns - die 48er - noch kennt.

(frei nach Thonius)

Hochzeit Prokop und Zheng Li

Zusammenfassend kann man sagen,

wenn zwei den Schritt zur Hochzeit wagen

und weder Schwangerschaft noch Geld

der Grund sind hier vor Gott und Welt

dann muss es wohl die Liebe sein

denn sonst fällt mir kein Grund mehr ein!

Aber eben wenn das Wort "Liebe" fällt

ist das ein Zeichen, das es hält!

Wir wünschen somit zu diesen Feste

von ganzen Herzen nur das Beste

und weil diese Hochzeit beweist euren Mut

sind wir sicher: Franz & Li, ja das geht gut!

Ernsteres

SMS eröffnet eine Schattenwelt

Grad jetzt, auf leisen Sohlen

Hast du dich davongestohlen.

Für ein Tippen, mit deinem Finger

Ein SMS, stiehlst dich aus dem Zimmer...

Und es vibriert, kurz drauf: es summt

Wenn wieder eine Nachricht kummt

Die sogar mitten in der Nacht

Was in dein Gesicht ein Lachen macht!

Ich mag sie nicht, diese Elektro-Welt

Die jeder für normal zwar hält

Die sich zwischen uns hat hineingedrängt

In meine, nur mit dir geteilte Welt.

SMS schuf nun eine Schattenwelt,

die Geheimnisse verborgen hält!

Die uns Zeit nimmt →das soll nicht sein,

weil die uns gehört hat, uns zwei allein.

Der Hai

Der Hai hat gebissen einen Mann

Der bloß zum Schwimmen hierher kam.

Wir beide waren eben noch im selben Meer

Nicht auszudenken – wenn's einer von uns gewesen wär!

Und nahe ist mir dieser arme Mann

Der durch den Biss zu Tode kam.

Er tut mir so leid, ich hasse den Hai

Mit der Schönheit des Meeres ist's für immer vorbei.

Boy Group

Wies ihr vielleicht alle wisst´s

Steh ich auf die Comedian Harmonists

Ich weiss net, wies sie es beim Singen schafften

Das sie so nen drive in Lieder brachten.

Biberti mit dem vollen Bass Gesang

War nur ein Teil vom Zauberklang

Frommermann hat meistens arrangiert

Und Boots auf dem Klavier hat improvisiert!

Leschnikov – der Frauenheld – ein famoser Tenor

brachte sogar ein hohes F hervor!

Collin war der Vielsprachigste in dem Chor

Er sang im Ensemble den 2ten Tenor.

Und Cycovski? Der war der weltbeste Bariton

Doch, das wussten sie wahrscheinlich schon.

Welch Feeling kommt auf, wenn man sie hören tut

Die Comedian Harmonists, die beste Boy Group.

Net oft verliebt

Ich war in meinem Leben nicht oft verliebt

ich weiß a nicht wie oft sich bei anderen das ergibt.

Ist mir a egal! Mir tut aber jeder lad

der des im Leben erlebt nie hat.

Jemanden unendlich stark zu vermissen...

Und wenn er da ist – ganz fest zu küssen.

Die Leidenschaft die sich – liebt man – hat aufgestaut

Wir abgebaut gemeinsam auf nackter Haut.

Na, das Glück kann man nie vergessen,

hat man´s auch nur ein einziges Mal besessen!

Und wer es wirklich drinnen, gefühlt mal hat

hat keinen mehr Grund, dass er übers Leben klagt!

Geburtstage

Lady Sunshine, Anita

Strahlt wie Sonnenschein, als gäb´s keinen Ärger…

Ein fesches Madl ist sie, die Voraberger.

Sie hatte Geburtstag, jetzt, am 31. August

Den 45er, unglaublich, hab´s des gewusst?

Mir san befreundet mit ihr, seit vielen Jahren

Auch in Urlaub gemeinsam sind ma scho gfahren

Trauzeugin war sie von uns in der Steiermark

Weil die Ulli und ich sie halt so gern mag!

Jetzt, 2016, war für sie ein bedeutendes Jahr

Weil da ein ganz besonderes Ereignis war:

Ihr Habschi ist jetzt verfügbar, juristisch „Frei"

Das heißt einerseits: Ende der Geheimnistuerei!

Andererseits: Er gehört ihr jetzt allein!

Und sie kann endlich glücklich sein.

Das hat sie sich verdient, schon lange Jahr

Geregelte Verhältnisse, alles ist klar!

Denn sie soll happy sein, das wünsch ma uns,

net nur zum Geburtstag, nein, ich verguns

ihr für alle kommenden Jahrzehnte

dass es genauso wird, wie sie es sich sehnte.

Happy Birthday! Unserer lieben Anita

Wo sie ist, is sunshine, sie ist nie zwieda

Und wir feiern es nach, bei Trank und Schmauß,

Und gehen erst wenn ma nimmer können – und dann no
ungern - wieder nach Haus.

Roman: Zum 40er pass ma zam

Es ist schon seltsam, s´geht so gsch´wind

auch wenn man denkt das´s grad erst beginnt

Nein, schon ist Roman 40, kein Bubi mehr

und die Kindheit, das ist a schon eine Weile her.

Und Narben hat er, dünnes Haar

Roman denk daran, wie´s früher war

Als du so sorglos liefst durchs Leben

Es tat nichts weh, was für ein Segen.

Scheiße! Schon ist das halbe Leben vorbei

Auch dieser Gedanke ist beim 40er dabei.

Was denkt Roman, in Zukunft, was möcht er?

Sei´s für ihn selbst oder für seine Töchter.

Es ist ihm von mir jedenfalls alles vergönnt

Ja, wenn ich seine Zukunft beeinflussen könnt

Ich wünschte: fertig sein Haus, alle Autos lackiert

Sehr viel Geld von den Kraxenbesitzern hat er kassiert

Er hätt keine Schulden mehr, dafür viel freie Zeit

Um ihn umadum wären nur nette Leut

Er würde Laufen und Radlen und in die Berge gehen

In schönen Kleidern, ...Roman tät´s du fesch aussehen.

Keine schwarzen Fingernägel hätt´s, keine Schwielen

Vom Hackeln am Haus und den Autos, den vielen

Mit der goldenen Rolex gäbs keine Verspätungen mehr

Man glaubt gar nicht wie pünktlich der Roman jetzt wär.

Doch mein Gott wer wär den dieser Roman

Der, vor uns treten würde, dann....

Wärs noch der alte oder doch ein Fremder?

Würde einer noch zugeben „ja, den kennt er"?

Wenn er fertig wäre mit dem Haus in der Stangau,

ich seh ein fades Bild vor mir, ganz genau

und a die Garage die wäre dann aufg´räumt und leer ?

also ehlich, vorstellen kann ich mir das schwer.

Und dann die Hände, wer ihn kennt wie er ist

Roman´s Hände passen zu kan Pianist.

Zamgeräumt und sauber und er auch noch pünktlich?

Na! Wenn des a Zauberer könnt, täuschté ich mi
gründlich.

Nein, also retour zum 40 ten Geburtstag, ich sag es euch

Auch wenn vom Roman ich alle Gäste verscheuch

So brav möchte ich mein Roman wirklich net ham

Er soll so bleim wie er war , so pass ma zam....

Der Förster ist ein Admiral?

Der „Andi" wie man ihn in der Schule nannte,

immer gern scho in den Wald reinrannte.

Freilich zum Spielen nur und zum Schifahren,

was er auch noch gern tut mit 50 Jahren

Der erste Holzkontakt der nachgewiesen ist,

war sei Schulbank -zur Info -damit ihr's wisst.

Später ging er dann sogar studieren,

lernte vom Wald und von darin befindlichen Tieren.

Dies theoretische Wissen wollt er nun erfüllen mit Sinn,

und bewarb sich -seltsamerweise- bei der Stadt Wien.

Er wurde dem Hanreich zugeteilt, sein Adjutant,

über den war er bald in ganz Naßwald bekannt

Übers Forstamt herrscht damals, glaubt mir`s wahrlik,

ein eigenwilliger Direktor namens Ballik.

Und als dieser vom Eistraum als Auftrag erfuhr,

schickte er nach Wien, den Andi, seinen Bua!

Der fuhr nach Wien und stellte ratz-fatz

auf, einen riesigen Eislaufplatz.

Und weil es vor deren Fenster geschah,

nahm es a jeder im Rathaus auch wahr!

"Made in Naßwald" dachte sich der Adjutant,

mit feurigem Eisen hat er's ins Holz reingebrannt.

Und bald schon hieß es wer Holz-Qualität schätzt,

der redet einfach mit dem Januskovecz.

Er wurde Forstdirektor, und zudem nebenbei,

gibt es a Frau, die Kinder und die Jägerei.

Der Ehrensenator sitzt in Gremien und manchem
    Arbeitskreis,

und vieles noch, was i gar net weiß.

Doch gibt es zum 50er von ihm eine Geschichte,

die ich speziell an seine besten Freunde heut richte.

Er ist auch Admiral , dieser Januskovecz,

des weiss keiner, wie ich die Situation so einschätz´!

Er war no jung, und ich damals auch.

Doch statt sich zu bekämpfen, wies unter Männern oft
Brauch,

ham mir einander immer sehr geschätzt,

und nie hat einer über den anderen blöd geätzt.

Wir ham sich geholfen, und net viel drüber gredt.

Wann einer „ja" gesagt hat, war klar des steht.

Und was ich ihm und mir wünsch ist eigentlich ganz klar,

a` so a Freundschaft, wie es die letzten Jahr war.

Und weil in der Psychologie dieses Prinzip,

dass ma a weiterkommt ohne Seitenhieb,

als Admiralsprinzip ist bekannt geworden,

ist Janu für mich, zum Forst-Admiral geworden!

Korporal Mani 50

Dort, wo eigentlich nur die Wildschweine wohnen,

standen vor 30 Jahren eiserne Kanonen.

Verschanzt nahe einem Kohlrabi-Acker,

dahinter zwei Soldaten, beide fesch und wacker!

Sie hatten Schwärze im Gesicht,

damit der Feind sie ja net siecht.

Und schoben Wache bei eisiger Kälte,

die anderen schnarchten im warmen Zelte!

Einschlafen – das durften sie auf keinen Fall,

schon gar net der Mani, der Korporal.

Bis zum Morgen aufpassen.....warten.....,

neben den Howitzer 10,5 Granaten!

Das war zach und gar net leicht,

wenn sich da kein Feind über an Acker schleicht.

So war es meine Aufgabe als Richtkanonier,

zu beschaffen für uns zwei a Dosen Bier.

Mani beschütze derweilen die Flanke,

was ich ihm bis heute noch herzlich danke.

Und so standen wir, je ein Bier unterm Gwand,

und i a Zigaretten, versteckt in der Hand.

G`redet haben wir dort über dies und das,

wovon ich vieles heute noch wa`s.

Von der Arbeit, Freunden und dem Thema Frau,

und von seiner Mama, ich weiß´s noch genau!

Dort in dieser kalten Nacht sind wir Buam,

wenn ich mich recht erinnere Freunde wuarn.

Nur bei einigen Manövern ham mir uns wiedergesehen,

 dann musste jeder seinen eigenen Lebensweg gehen.

Doch hatten wir uns a lange Zeit net gesehen!

Wenn zwei Menschen sich so guat verstehen,

dann ist´s wenn sie wieder zusammenkommen,

so, als wäre keine Zeit dazwischen verronnen.

Ich fühl so wie damals, als wir mehrere Mal,

verteidigt haben - ich und Mani der Korporal.

Die Grenze von Allensteig, ja ihr lieben Leut,

den Feind ham mir nachhaltig vertrieben – bis heut!

Für diese Heldentat- hört´s zu hier im Saal,

stoßen wir auf den Mani an – jetzt alle einmal.

Er konnte uns vor allen bösen Feinden retten,

von Baden, über Allentsteig bis nach Königstetten!

Ja daran erinnern wir uns heute gerne,

komfortable Zimmer in der Martinek Kaserne.

An die Essmarken und manchen FND,

die guate alte Zeit – mei war des schee!

Und Kameraden! Wenn ich so an diese Zeit denke

und überlegte was ich zum 50er heute schenke,

fällt mir nur eins ein – was ich gerne täte:

ich schenke dem Mani heute eine Muskete!

Alter Freund Mani! Die Gläser hoch im Saal!

Du bist heute 50ig und für mich als Mensch ein General!

Monika 50

Wenn man da Richtung Baden fahrt,

da steht da draußen ein Apparat,

der völlig in an eine siecht,

kana weiß, wie des so gschicht!

Dort kriegst a Elektroden in die Hand,

du bist aber net nockert, voll im Gewand.

Der Rechner prüft: is bei dir im orgen?

Dem Computer (dieser Matrix) bleibt nix verbogen!

Hintern Computer sitzt lächelnd die Monica,

wegen ihr sind ja mir heut alle da.

Es hat wahrscheinlich dieser Computer erspürt,

dass sie den 50ten Geburtstag heut zelebriert!

Doch beleucht ma einmal diese Computersachen,

de blechernen Dinger können net ollas mit uns machen.

So ana sagt bis heute net amoi „Guten Tag",

wenn i erm einschalt, is des anzige a Passwort was er
    mag.

Und logisch, daher glaubts mir es ist wahr,

kein Computer is ma lieber als die Monica.

Was mochert i mit dem Kastl, wüssert net was i tat,

lüde mich Monicas PC ein, zu seinem Geburtstag.

Während der Computer kennt ka Freud und kan
    Schmerz,

hat die Monica eine Seele und ein gutes Herz.

Und überhaupt is so, dass sie mir optisch besser gfoit,

als so a Kastl mit irgendaner Tastatur hoit!

Sie ist, das kann i sagen, immer hilfbereit.

Und kann gut umgehen mit all die Leut,

die oft verzweifelt bei ihr suchen an Rat,

und hilft ihnen gern – a ohne Matrix - auf ihre Art.

Sie is a Mutter, Frau und Unternehmer.

Des is was, was net viel andere könna.

Sie hat sich´s dabei a nie leicht gemacht,

es hat net immer die Sonne für sie gelacht.

Doch hat sie – sag ich nun - zur ihrem Feste,

a super Bilanz, von mir jedenfalls, die Allerbeste.

Erfolgreich hat sie vieles mit Fleiß gemeistert,

deshalb bin sicher net nur i von ihr begeistert!

Wer möchert net a Freindin wie Monica ham.

Wer von euch lebert lieber mit an Computer zam?

Nau! Kaner, weil es wird an jeden schnell klar,

das Monica ein feiner Mensch ist und war!

Sie hat, was mir besonders gfoit,

als einer der wenigen bei Gesundheit gschoit.

Das net nur zählt Analyse nach Bits und Byt.

Na, da sitzen Menschen, es lieben Leut!

Ich wünsche ihr viele gute Freunde und Glück.

Von der Gesundheit ein ganz a großes Stück.

Und das sie selbst werde ausreichend belohnt,

und so viel wie sie gibt, einmal zurückbekommt!

Pauki 50er

De Pauki is jetzt 50 wurn,

so seid`s jetzt ruhig, spitzt eure Uhrn.

Ich trag nun vor ein Gedicht,

das i –sehr persönlich- an sie richt.

Sie is öfters mit mir im Krieg gewesen,

das wolln ma zum Geburtstag net vorlesen.

Doch sei festgehalten hier am Papier,

dass ich manchmal narrisch wurde mit ihr.

Sie ist vegan, isst nur glücklichen Reis,

ich seh das anderes, ich liebe Fleisch.

Sie verteidigt selbst den Windelgutschein,

ich verteidig die Jagd auf ein Lainzer Wildschwein.

Sie reibt sich mit mir beim Thema Schwendermarkt,

da geht`s an die Sache, manchmal sehr hart.

Und auch Fundraising san mir net synchronisiert,

da kanns schon sein, dass i zurnig bin, bis sie es spürt.

Aber andererseits ist mir hier ein Begehr,

euch zu sagen, die Pauki is mehr!

Sie hackelt wie eine Wilde und tigert sich rein

und was ma sich ausmacht, hält, das is fein.

Sie lebt des, was si predigt, des ist konsequent

und auch etwas, was man net von viele Leut kennt.

Sie hackelt ur viel, bis sie fast fällt um

und dabei no herzensguat und mit Begeisterung.

Der Ulli is sie eine Freundin seit langer Zeit,

das heißt seit über 20 Jahren bis heut.

Mit ihr kämpfte sie gegen den Atom-Strom

und kam damit in die Krone a schon.

Sie ist sich a für gar nix zu gut,

beim Kürbisernten sie mitmachen tut.

Somit zwischenzeitlich, ihr könnt´s des ruhig hörn,

hab ich unsere Pauki wirklich sehr gern.

Ich wünsche ihr alles Gute für die kommende Zeit,

also die nächsten 50 Jahre, beginnend ab heit.

Und hoff wir machen noch dann und wann,

a Dienstreise, damit ich sie bekehren kann.

Dann könn ma den 100erter feiern bei einem Schnitzerl,

des mein ich ernst, das ist kein Witzerl.

Aber ich fürchte das wir leider dann,

beide so a Öko-Windel bei der Feier an ham!

Rainer 50

Ach könnt's nur 50 Rainer geben

Was wär' das für ein tolles Leben

Wien wäre ein einziges Blumenmeer

Nur grüne Gärtner, everywhere.

Spielplätze, historische Parkanlagen

Kinder dürfen sich in´d Wiesn wagen

Spielen Fußball, klettern auf Bäume

Wien ist ein Park, nirgends gibt's Zäune!

Net 23 Bezirke, die einen Rainer quälen

Aus zwei Rainer pro Bezirk kann man wählen

Und ist der <u>eine</u> mal nicht verfügbar,

Gibt´s immer an Reservestadtgartendirekta.

Er – und seine Doubles – sind bei jeden Termin

Gut gelaunt, schmeißen nie die Nerven hin

Ist Rainer Eins mal ausgelaugt

Kommt der Nächste nach, was uns taugt.

Natürlich findet er nun Zeit

Zum Radlfahren, was ihn sehr g'freit

Parallel tut er die beiden Töchter begleiten

Die beiden gehen sehr gerne reiten.

Schi fahren, segeln und auch tanzen

Schädlingsbekämpfung – vor allem Wanzen

Nachmittag Naschmarktrunde mit Weingenuss

Klar, dass <u>ein</u> Rainer immer Zeit haben muss!

Doch schade, es wird noch nicht geklont

Es ist nur <u>ein</u> Rainer, der unter uns wohnt

Und der will all das alleine machen?

All die aufgezählten Sachen ...?

Dabei soll sparen er noch Geld

Das ist, was bei der Finanz nur zählt

Reduziert sei auch der Postenplan

Und ökologisch soll er fahren?

Eröffnen 20 Parks im Jahr

Putzen im Frühjahr - mit der 48er- is' doch klar!

Kontakte halten mit Pariser Kollegen

Sanieren Neugebäudes Mäuer und Wegen.

50 wird der eine Gartenhäuptling Rainer

Hackeln tut er wie sonst keiner

Parks und Wiesen sind schön und fein

noch mal gesagt: Er macht`s allein!

Drum mein Tipp: den Dampfdruck reduziere

lern Delegation, die Teamarbeit probiere

dann ist net nur Wiens Parkwelt wunderbar

sondern auch deine nächsten 50zig Jahr !

Roman 50

Den Roman seine Uhr, jo de geht,

meistens irgendwie immer z´spät.

Pünktlich is er deswegen selten,

weil andere Werte bei ihm gelten!

Des Haus umbauen tut er seit 20 Jahren,

da bin i no zum Laufen oft aussigfahren.

Weil er aba lieber de Autos repariert,

is eben ka Kleiderhacken daham montiert.

Gut, weil er dir hilft, wo immer er kann,

beim Reifenwechsel packt er an,

und auch wenns Pickerl dir no fehlt,

kostet des – machts der Roman - net viel Geld!

Und bei der Wiener Feuerwehr,

kennt ihn vom Pfuschen a jeder bitte sehr.

Er fährt dort dienstlich, und des is wahr,

als Brandmeister zum Einsatz mit Tatü und Tata!

So manchen Berg ham mir Zwei bestiegen,

selbst den Glockner konnten wir besiegen.

Einmal mit Steigeisen oder woanders mit de Schi,

aufgeben, ja des gabs beim Roman nie.

Laufen des war unsere Königsdisziplin,

net nur all die Strecken rund um Wien.

Bei so manch steirischem Halbmarathon,

lief er mir manchmal - net immer - a davon.

Doch auch die Distanz mit 42 km,

gelang uns gemeinsam, etwas später.

Athen, Wachau und a Berlin,

und a den Marathon in Wien!

Unsre Kinder waren best Friends,

unzertrennlich, wenns sowas kennts.

Das war eine wirklich gute Zeit,

an die denk i a gern no immer heit!

Aba mit den Frauen, a andere Zeit begann,

änderte sich aber Vieles dann.

Wir ham uns lange nimmer gsehn,

jeder lebte nun sein eignes Lebm.

Beim Heurigen kamen wir zufällig wieder zam,

als mir Beide grad in Petersdorf warn.

Ham uns a glei wieder gut verstanden,

als wir beim Poidi bei an Gspritzen standen.

So frag ich zum 50er heute vom Roman:

Worauf im Leben kommts wirklich an?

Ich geb euch diese Weisheit nun gern mit,

die einzuhalten ist, worum ich bitt.

„A wenn ana amoi an Blödsinn sagt,

oder Dinge tut, die man net mag,

beiss zam de Zähnt oder hurch net hi,

weil auf an guten Freund verzichtet man nie."

Ich wünsch dem Roman, ihr lieben Leut,

no a amoi 50 Jahr, beginnend mit heut.

Und er soll so bleibm wie er eben is,

weil er sonst net, mei Freind, unser Roman is!

P.S.

Als Geschenk neben diesem Gedicht,

gibt es an Gutschein, ich hoff er erfreue daran sich,

für einen Heurigenbesuch beim Poidi zu ana
vereinbarten Zeit,

aber das er net pünktlich kummt, guat des weiß i scho
heit!

Dennis Geburtstag

Wenn ana Lieder vom Elvis singt

und das alles super leiwand klingt,

dann muss - wie könnt es anders sein –

dass nur der Dennis Jale wohl sein.

Geburtstag feiert er hier im Hotel –

ein Jahr vergeht halt furchtbar schnell –

und blickt zurück nun auf ein Jahr,

das net grad einfach für ihn war.

Einerseits ein Star mit Ruhm und Ehr´

jeder denkt, er ist sicher Millionär.

Er spielt mit Burton, Hardi und Ronni Tutt,

das ist die Band die Elvis hat'.

Ist doch das Business keine gmähte Wiese,

nix is einfach, da nix is easy,

da ist man mal oben, aber dann auch schnell unt´

dass man schon mal verzweifeln kunnt.

Da braucht ma dann Hilfe und a paar Freind

und damit seit´s jetzt ihr alle gemeint,

die net nur hingehen zu sein Konzert,

sondern dann bereit stehen, wie sich´s ghört.

I wünsch Dir, Rainer, Gsundheit und Glück

und viel Erfolg mit der Musik!

Lass mich/uns einer von den Freunden sein,

stoßen wir an mit an Glaserl Wein.

Rainer Weisgram 59

Ja Leute wisst ihr es denn schon

Geburtstag hat der Wellington!

59 ganze Jahre

der 60er rückt verdächtig nahe!

Er ist auch wohl ein feiner Mann

den man berechtigt gratulieren kann!

Blücher selbst zieht seinen Hut

wenn er dem Arthur salutieren tut!

Bleib mir ein Freund, lieber Kamerad

weil man echte eh kaum hat!

und wankst du vor der Feinde Kraft

gut das du noch mich, den Blücher hast!

happy birthday

jo alias blücher

Lieber Franz B.

Du bist mir voraus nur ein paar Jahr´

und was ich nun allen sage, des is wahr!

Nämlich: I schau dich an, denk „gar net mies,

wie der Franz ausschaut, so mit 60ig is'"!

Schau, die meisten von die Zähnt san no echt,

a wenn so mancher a Krone haben möcht!

De Augen schauen zwar durch ein Glas,

hören tuast no gaunz guat, sonst wär`s a Schas!

So prognostiziere ich, mit Sicherheit, und sonnenklar,

mein Franz wird sicher 100 Jahr.

Der Franz ist jetzt erst sechzig, des is net oid,

wenn mir z.B. der Heesters einfoit!

Juppi, der wurde 109 im Gaunzen,

oiso Fraunz, tu heit net raunzen!

Was i von dir Fraunz, jedenfalls, sogen kau,

du bist einfach ein feiner Mau.

Egal ob wer 20, 40 oder 60ig,

sei net unzufrieden, weil das rächt sich.

Schon morgen hast wieder einen Tag mehr,

also bist heut` jünger als morgen, bitte sehr!

Genug, ich wollte meinen Franz hier loben!

Mit ihm war ich auf manchen Gipfel, oben!

In Afrika, Asien und in Amerika,

wo vor uns nur der Columbus war.

Auf all den vielen Reisen die ich mit ihm tat,

er stets a ein guater Freund mir ward!

Der gar nie hat g`jammert und zuverlässig ist,

das i kan Besseren a in meiner 48er wüsst!

Er hat immer geholfen, mich unterstützt,

und vor manchen Leichtsinn dabei beschützt.

Und Großes ist ihm auch manches geglückt,

er war stets höflich, aber ging nie gebückt!

Ich weiß der Franz, der ist ein Freund,

von so einem - manch anderer - nur träumt!

Und das wird sicher auch sein, noch dann,

wenn der Franz sein 100erter wird ham!

Franz Bischof 60

Der Bischof, den wir den Franzi nennen,

den alle schätzen, die ihn kennen

wird dieser Tage, es ist wahr

unglaubliche – nachgezählte – 60 Jahr.

Er ist nicht nur mein Stellvertreter

Zu vielen Besprechungen, ja da geht er

Statt mir, wenn ich nicht will oder kann

Und fertigt immer einen Aktenvermerk an.

Vieles hat er im Magistrat erreicht!

Und auch langwieriges, s´war nicht leicht

Ob Winterdienst oder Grundstückssachen

Er konnt´ rießen Erfolge für uns machen.

Privat ist er ein prima Kerl

Loyal so wie ein Hund zu seinem Herrel

Reisen tut er gern in die ganze Welt

Und gibt dafür auch gutes Geld!

Senatsrat und „der" Zweite 48er Mann

Auf den ich mich immer verlassen kann

Und das wir mit der 48er so erfolgreich san

Ist auch weil wir ihn, den Franzi, ham.

Alles Gute, Franz, zum 60sten Geburtstag!

Bleib uns noch lang, und was ich mag:

Sei wie du bist , einfach unser Franz

Von dem alles sagen, ja der Franz, der kann´s!

Gaby 60

Wir haben Gaby dabei ertappt,

sie hat Geburtstag Nr. 60 grad ghabt.

Es ist ein Runder und damit is klar,

wir san net zum Spaß, sondern zum Feiern da.

Sie war die Freundin von meiner Schwester Brigitte,

und als Bua hatte i damals nur eine Bitte,

gern möcht i neben die Palmas Mädln stehen,

wenns mit meiner Schwester in die Disco gehen.

Doch war i zu jung für diese Hasen,

sie haben mi glei garnet mitgehn lossen,

was mach ma mit dem Seppi an der Hand,

der is ja no a Kind, hams einfach gmant.

Ihr Freund der Karl, war da schon eher einer,

der mich aufnahm in de Runde, auch als Kleiner.

Net zuletzt weil ich Gitarr spüin ihm damals zeigte,

und a mit dem Banjo manchmal aufgeigte.

So freundeten wir uns über die Männer an,

doch es kam wie es kam, ich trennte mich dann.

Und viele Freunde liesen mich alleine stehen,

und wollten mich - grundlos - gar nimmer sehen.

Die Gaby und der Karl, waren da andre Leut,

wir blieben befreundet, und sind es bis heut.

Und eins sag ich jetzt und würd es auch schwören,

dass diese wahrlich zu unseren besten Freunden
    gehören.

Sie is daham ein Master Mind,

auch wenns nach außen nicht so scheint.

Sie sagt wos lang geht in der Familie Mottl,

wer des net sieht is ein Trottel.

Doch tut sie das net mit lauter Stimme,

sie macht das mit der Frauen eigenen Sinne,

und leitet den Karl, ihm geht es am Keks,

ihr wisst was ich mein, wahrscheinlich mit Sex.

Immer zum Essen richtets was her,

wenn wir kommen so zum Plaudern daher.

Nie fehlts an Trinken, a net an Beilagen,

selbst Chips hat sie vorbereitet an solchen Tagen.

Zum Geburtstag wünschen wir uns daher,

das wir weiter Freunde bleim - gar net mehr.

Und das alles bei uns bleibt wie es ist,

außer das man sich vielleicht no a bisslerl öfter siecht.

Und gesund solls bleim, und reich sois wern,

sie soll guat sehen und net schlecht hearn.

Und glücklich sein solls rundumadum,

womit ich zu unserem Geschenk nun kumm:

Frau merke: damit ma glücklich werden kann,

braucht sie a Geld und a an Mann.

Gaby hat den Korl und a guate Pension,

also die erste Hürde erledigt hat sie ja schon.

Dann sind noch Freunde wichtig, glaubt es mir,

nau guat 2 davon sitzen heute vor dir.

Ihrem Buam Martin solls a schlecht nie geh,

a des is erfüllt, so wie ich des seh!

Bleibt, und das geb ich ihr heit mit,

sehr wichtig is, die Frau ist fit!

Harte Muskeln, ein wohlgeformter Body,

a jeder Mau sogt, ja, genau des mog i!

Gaby wir schenken zu deinem 60er, dem Runden,

einen Gutschein, damit wirst du leider geschunden.

Von einem Fitness Trainer deiner Wahl,

bei dir daham oder im Fitness Saal.

Damit sollst du Bewegungen richtig einlernen,

von Bauch, Bein, Po wirst du dann schwärmen.

Klimmzug mittn Finger, Kniebeugen auf an Fuas,

Liegstütz mit aner Haund, des is dort a muas.

Sinn macht das aber eigentlich keinen,

denn du bist eh hyper schlank, würd ich meinen.

Und ur fesch a, für deine dokumentierten Lenze,

wenns dich also net gfreut, mach was anderes zur Gänze!

Wir wollen nur sehen das du glücklich bist,

obwohl du meiner Meinung schon zu wenig isst.

Aber deswegen bist schlank und bist guat beinand,

und wennst sein müsst, passt in dein Teenager Gwand!

Ich hoff du bist deswegen aber net böse,

und hoff der Gutschein dich voll erlöse,

von künftigen Bingo Wings und Rückenschmerz,

von Blähungen und schwachen Herz.

Zum End vom Epos noch einmal,

die Gaby ist 60 Jahr gworden an der Zahl.

Wir gratulieren und stoßen mit ihr an,

so jung wie heit, komma nimmermehr zam.

Heinz 60

Wenn es auch schon 60 Jahre sind,
Heinz ist trotzdem ein Geburtstags-Kind!

Also schweigt, es folgt ein kurzes Gedicht,
das ein wenig Licht bringt in sei Lebensgeschicht!

Tuats mit mir die Zeit zruckschauen,
es begann die Gschicht´ einst in Rodaun.

Dort wohnte und dort wirkte er,
wovon erzähle ich jetzt dann mehr:

Damals stand noch die Liesinger Brauerei,
am Weg aus Wien, fuhr man vorbei.

Er ging zur Schul und lernte dann
den Beruf des Goldschmieds sich gut an.

Nach allerlei verrückten Jahren

ist er - wieso auch immer- ins Waldviertel gefahren.

Um zu erlernen – sagte er - die Malerei,
doch i glaub es war auch was andres no dabei.

Zurück kam er nämlich mit einer Frau,
die passte zu ihm ganz genau.

Nun gab es erstmals eine, auf di hört a,
des is, seine liebe Frau, die hier anwesende Gerda.

Sie war keine hiesige, es war arg!
Sie entführte ihn weg von uns, in die Steiermark.

Bald drauf schon, mir hams net checkt,
sprach er wie a Gscherder, den ur Dialekt.

Erna Bua ward bald gezeugt, se waren net faul,
es kam auf de Welt, kurz drauf erna Paul.

A der sprach Steirisch, wies erna nur dort gefällt

und mir ham dacht, der red net, na der bellt.

Sie schufen sich ein schönes Zuhaus,
kamen nur mehr selten nach Wern zu uns rauf.

Doch traf ma sich ..... es war immer gleich nett,
als wenn man sich gestern grad no gsehen hätt.

Und dieser Heinz soll auf amoi 60 sein worn,
schaut net so oid aus - s'is wegan Radl-fohrn?

Erhebt die Gläser mit mir auf den Heinz
und singt ihm was, wenns ihr halt meinst.

Aber wenn ... dann laut, weil so scheen wie mirs heute
ham,
so kummern mir mit'm Heinz nimmermehr zam.

Und wenns des Bier und den Wein tut's verkosten,
tuats alle dem Heinz dabei brav zuprosten!

60ig ist do eigentlich eine verdammt kurze Zeit,

drum häng mas noch amoi dran, grechnet ab heit.

Heinz, wir singen dir nun wie angedroht, laut: Happy
    Birthday!

Und halt dich an, weil des könn man net scheen!

Hubert is flexibel, a mit 60

Es wird verlangt hier von der ganzen Meute

das ich für den Hubert, und für all euch Leute

Etwas Gscheites geben soll von mir

Das sich a no reimt halt igendwiar!

Ich brauch doch nur, weil ich das ja kann

Ein paar scheene Worte fügen zam

die dann mit Sinn noch zu erfüllen

Und euren Wissensdrang dann stillen.

Über Huberts nun verlebte 60 Jahr

Soll ich erzählen, und eins ist klar

Es darf das Werk spannend, aber zu lange nicht sein

Sonst schloft so mancher – von euch allesamt Alten -

jetzt a no ein.

Ich kenn den Hubert als einen flexiblen Mann

was in sein Alter net viele san.

Den ruf ich an, „herst hast heut Zeit?"

Und er sagt gleich jo, was mich dann freut.

Aber sagt er auch „nein" is kana böse

 Unser Freundschaft sich deswegen nie löse

Hubert ist flexibel , damits ihrs wißt

Was in der Psychowelt von heut zu begrüßen ist!

Zudem ist er ein Jäger, und schießt auf Tiere

Dann braten wir uns an Haxen, an von de viere

Die das Tier einst getragen haben

Bevors von der Kugel wurde daschlagen.

Er lud uns Herren oft zum Kochen ein

Und dann- es mußten mehrere Gänge sein

Haben wir gekocht gemeinsam, und a musiziert

Und eine phantastische Männerfreundschaft zelebriert.

Aber a Weibsleut in sein Leben gabs sehr wohl

wovon man mir sagte, ich berichten soll

dabei fallen mir aus dem Stegreif zwei jetzt ein

die maßgeblich da waren, so wie ich mein.

Da ist zum einen die Brigitte seine Angetraute Frau

Mit der - und das weiß ich genau

Er net nur in Australien war und dort hatten sie's nett

Na mit der hat er's a lustig ghabt in seinem ...Garten.

Und dann gib es da noch eine Frauenvision

Deren Foto hängte er als Bua - also vor der Brigitte -
schon

Heimlich und gerahmt auf in seinem Klo

...ja es war die Nicole...ok schüchtern ist er schon!

Motoradfahren und a Photographieren

Bei Heurigen in Rodaun an jungen Wiener probieren

Beim Spaß nie abgeneigt und allzeit bereit

Jeder der den Hubert trifft, hat sich immer gfreut.

Zum Geburtstag denk ich, wärs jetzt scheen

Stellt euch zam, und wenn alle a Hand sich gem

Und heben das Glas mit der anderen in die Höhe`

Und singen gemeinsam happy birhtday!

Hubert wir feiern jetzta gerne mit dir

Und trinken auf deine Rechnung viel Wein und auch Bier

Wir erzählen nun uns Geschichten von der guten alten
     Zeit

De vor 60 Jahr angefangen hat und dauert bis heut.

Und wenn Einer nach Stunden nimmer stehen kann

Weil der Schampus in ihm seine Wirkung hat getan

Der möge einen Platz suchen auf einem der Sitze

und dann – bis in der früh- erzähl ma uns dreckige
   Witze.

Und ich was zum Schluß euch jetzda no sag

weil ich ja auch irgendwas gscheits gern sagen tat

Hubsi is flexibel, und ans kann ich schwören

Hubs, zu dein 60er: Alle haben dich gern!

Siebi 60

60 Jahre, ziemliche weise,

engagiert, niemals leise.

Abfallwirtschaft ist sein Leben,

das war für Wien ein wirklich Segen!

Vieles hat er so erreicht,

oft war´s schwierig, selten leicht.

Gehasst, verarscht, dann geschätzt,

mal gelobt, aber auch verletzt.

Danke gilt es ihm zu sagen,

für all die Mühe und auch Plagen.

Er hat die 48er-Abfallwirtschaft definiert,

die Konkurrenz ist oft frappiert.

Das Magistrat kann Vorbild sein,

red ma uns selber nur net klein.

Wir san wirklich guat, das mein i,

hab ma doch Leute so wie den „Reini"

Und i freu mich, dass er trotz der 60`Jahr,

immer aufgeschlossen und flexibel war.

Alles Gute – Siebi - zum 60`sten Geburtstag

- ich - dem Mr. Abfallwirtschaft sag!

Karl 60

Aus gegebenem Anlass, es muss sein,

ich kann a wenig stolz auch sein,

folgt jetzt gleich ein „Dreier Reim":

Hierbei reimen sich nicht nur der Worte zwei,

das kann jeder, do is nix dabei.

Mir gelang ein Gedicht, mit durchgehend drei!

Für den Karl war´s mir ein Vergnügen,

lang daran zu feilen, es auch zu biegen.

Bis dieses Werk nun konnt´ vor uns liegen!

De Jungen san oid worn,

de Oiden san g'sturm,

und mir san scho längst mehr kane Buam.

Doch is es wirklich eine Besonderheit,

wenn man zruckschaun kann, wie heut.

Auf so a lange, schöne, gemeinsame Zeit.

Karl i kenn dich schon so lang.

Weiß gar net, wo fang i zum Erzählen an?

Vielleicht als ma beide no Haar ghabt ham!

Du hast no kan Gitarrengriff kennt,

als wir uns übern Weg san grennt.

Für a Armi-Auto hast viel Geld grod brennt.

Mit deine Eltern oft zum Heurigen gaungen,

grillt im Garten....mit'n Singen angfaungen,

und de scheensten Geburtstag gemeinsam begaungen.

Schifahren waren wir a miteinand´,

ned unbedingt reibungsfrei,...es war mei Gwand.

Speziell mei Haubm hat di bracht bis zum Rand.

In de Berg san mir hinauf mit dein Spezial-Zelt,

als gäb´s nirgends Hütten auf der Welt.

Aber des war cool, mehr wird heut net erzählt.

Von Wien san mir gaungen bis zum Schneeberg,

in zwa Tog, jo, mir waren scho g´stört.

Glaub´s selber nimmer, wann man des heut´ hört.

96 in Marokko, bei Regen, a soa Qual,

rauf bis aufn Gipfel vom Tjebel Toubkal

und daun mitten Steve, wieder obi ins Tal!

Bei deiner Hochzeit war i a dabei,

da Martin, dein Bua, is kummer daun glei.

Und in a Reihenhaus seid`s zogen, ganz neu.

Ghacklt hast du immer überall viel,

bei der Varta, in der HW, ...es war dein Stil,

jeden zu helfen, a privat, wann er will.

Sollten Holzfussboden wo einepassen,

musst nur den Karl zuchelassen.

Es gab kein – „i kaun net" – nur mitanfassen!

A Motorradtour, bin i mitgfahren mit der C1,

des is ein nix großes, nur was kleins.

Aber das mi mitgnommen hab´s, des war was feins.

Früher im Keller hob i versucht es dir zu erklären,

die Transposition, aber des wolltest net hören,

sondern i soll dir nur sogen welche Griff jetzta ghören.

Jetzt spüm ma miteinander in ana Band,

die jeder Fan vom Tandler kennt,

und wo unser Lied sogor im Radio rennt.

Is wer do der den Korl net mog, des frog i?

Er is a feiner Bursch, des sog i.

Er is mein Freund, jo Korl, i mog di!

Loss di net fertig mochen wegen de 60 Johr,

weil's so a leiwande Zeit für uns wor,

häng ma noch an viele Johr, des is klor!

Happy Birthday, zum 60er, erhebt euch Bagasch

von euren Sitzen, ihr Faulen, aber rasch.

Und spüit dem Karl einen würdigen Marsch.

Die Glaseln, nehmts und stosset an,

damit de Stimmbänder gschmiert glei san.

Und jetzt stimmen wir dem Karl sei Geburtstags-Liadl
an!

Spaßgedicht fürn 60er-Karl

Falten wachsen

Knochen knacksen

s'Kreuz tuat weh

tu net laufen, lieber geh.

Jammern? Na, des hilft dir nix!

Bist jetzt 60, des ist fix!

Und hast auch auf dein Pimmel

schon ein bisserl Schimmel...?

Karl, wurscht, was sei es drum

Im Kopf ist unser Karl jung!

Unser Theo Schwarz

Er ist ein feiner Mensch, ein Guata,

und a Gitarrspülen, jo des tuat a.

Zwecks Ausgleich tuat a Fischerln faunga,

aber nur wenn`s a sein Aungelhacken derglaunga.

Oben im Woidviertl, bei Ottenstein am Stausee,

hot er an Wohnwagen, dort is echt schee.

Dort kocht die Ivi für alle Besucher, des Beste,

und a bei der Getränkauswahl is sie ka schlechte.

Im Winter-Dienst war Theo jahrelang,

begann seine Karriere aber irgendwann

davor, als Mechaniker, später Fahrzeugleitstelle,

organisierte die FP-LKW´s auf die Schnelle.

Dann machte er im Fuhrpark das Personal,

wir hatten mit Zalud und der PV, Freud und Qual.

Wir waren jung und guat und a fesch,

waren die, mit Hirn und Herz und mit PS.

Wahrlich Großes leistete er, das sag ich schon,

beim Aufbau der 48er Internen Revision.

Trotz blöder Kritik suchte er für uns 48er Leit,

die´s bei ernerer Orbeit grad net g`freit!

So manche Story wär zu erzählen,

doch tut dafür die Zeit hier fehlen.

Ich möchte nur sagen, es war für die 48er gut,

das Leut wie den Theo gab, mit Herz und Mut.

Nun ist es Zeit Neues zu wagen,

Theo muss dem aktiven Dienst Abschied sagen.

Doch bleibt er immer, das ist klar,

mit Fleisch und Blut a 48er!

Alles Gute, Gesundheit und Freud,

wünschen wir dir vom ganzen Herzen heut.

Und wir wissen es, deshalb stoßen wir jetzt an,

das wir a weiterhin an guaten Freund in unserm Theo

ham!

Hans Sailer 70

Der Hans war mei Chef als Gruppenleiter,

vorher A- Gewerkschafter, a Gscheiter,

Auch toller Kollege und a guater Freund,

wer erm im Magistrat net erlebt hat, hat was versäumt!

Loyal war er, bestimmt und auch korrekt,

in seinen Reden ?...einfach perfekt.

A super Tänzer und ein Charmeur,

das liebten auf Veranstaltungen alle Frauen sehr.

Mit ihm fanden die Wiener Wasserwerke

international zu anerkannter Stärke.

Und auch im Ausschuss gab`s manchen Beschluss,

den -Na gut außer Hans - keiner verstehen muss.

In der WKU gelang ihm als Aufsichtsrat,

durch seine Arbeit manch gute Tat.

Er blieb kritisch, aber stets konstruktiv,

wenn er einen Punkt zur Diskussion aufrief.

Mit mir war er am Schneeberg ganz oben.

Doch einen Punkt möchte ich besonders loben:

dass er raucht jetzt nimmermehr,

ist einer seiner größten Leistungen, bitte sehr.

Auch seine Frau, die Enkelkinder,

die großen Hund - ich hoff die wachsen nimmer -

zeigen das gute Herz von unseren Hans,

der gern ein Glas Wein trinkt, ok, manchmal net nur ans!

Und dieser Hans soll 70 sein??

Nein ehrlich, des kann gar net sein!

Schaut's erm an, diesen coolen Typ,

der ist no sicher lange net müd!

Er, einer der besten Ritter vom Bürgermeister,

er war und ist ein ganz ein Gscheiter.

Doch das Beste ist, fällt mir zum 70er ein:

Vom Sailer Hans ein Freund zu sein!

Der Herbert Winkler is jetzt 70 Johr

Der Herbert ist jetzt 70 Johr,

des is zwar nimma jung, ist schon klor,

doch wenn man sieht die schlanke Gestalt,

sieht man, der ist fit und wird uralt.

Vielleicht der Grund: er hot a scheene Frau,

wem erzähl ich das, des weis er selbst genau.

Und so ist für mich ersichtlich a nirgends ein Grund,

das man sein 70er net ordentlich feiern kunnt.

Die Psychologie, des hot er einst erlernt,

im Ministerium wurde er von der Gerer verhärmt,

doch in all der Zeit hat er sich nicht abbringen lassen,

zu laufen wie a Wilder, im Wald und auf der Straßen.

Neben dem Sport ist er an allem- auch Frauen –
interessiert,

so es schließlich dann wohl passiert,

das er der schönen Elfi begegnet ist,

er hat sich verliebt, was ihr eh alle wisst.

Durch seinen sehr umfangreichen Horizont,

da ist nix - net amoi Bierbrauen -was ma net mit erm
reden konnt.

Ist er überall echt gern gesehn.

und ist in meine Augen, der wirklicher lucky Man,

Herbert möge uns weiterhin so faszinieren,

mit seine Aktivitäten, seinem Wissen von Bieren,

von Frauen, Reisen und sonst Allerlei,

Hauptsache, wir seine Freund, san beim Feiern dabei.

Der XX-Geburtstag (Inge)

Die Aufgabenstellung war klar und schlicht:

Mach du für die Inge ein Geburtstags-Gedicht!

Doch sollst auf jeden Fall es meiden,

das Alter zu nennen! Also mit XX umschreiben!

Wegzulassen sind – zudem - kritische Worte.

Hier und heute an diesem feierlichen Orte.

Aber es darf an Witz nicht fehlen, jedem Reim.

Und gefühlvoll sei´s angelegt, das jeder wein´.

Na ja: Wenn sie nicht schon gestorben wären,

sollten Goethe oder Schiller, einer der beiden Herren,

der Inge nach diesen Vorgaben ein Gedicht rezitieren.

Doch san's nimmer da, so muss ich's probieren:

Die Inge hat den XX-Geburtstag heute

Aber das selbst ist no ka Verdienst.... ihr lieben Leute

Das passiert einem, ob man will oder auch nicht

Also das allein is no ka besondere Geschicht.

Doch ist wesentlich die Frage: wie man es packt,

das man doch ein xx- Alter knackt.

Und dabei – man schau – es verwundert mich:

Kaum eine Falte hat's im Gesicht.

Und das man trotz eines bewegten Leben,

mit manchen Nehmen und noch mehr Geben,

froh, mutig und offen ist!

Wie du es, liebe Inge, bist.

Sie ging vor kurzem in Krumpendorf im Bikini.

Ich schaute zweimal – dacht: Na spinn i?

Hat sie ein Wundermittel oder so?

Die hat noch immer an knackigen ...Ohoo!

Das macht kein Turnen und keine Creme,

oder a Pille, die man morgens nehme.

Nein, das hat Inge ganz allein geschafft,

als selbstbewusste Frau, mit Kraft.

Inge hat a Figur noch wie a Madl,

und passt a noch in jedes Kladl.

Doch hat sie im Leben lieber die Hosen an,

die ihr aber genauso guat passen tan.

Obwohl: Inge hält nix von sportlicher Aktivität,

ist trotzdem schlank wie ein Athlet.

Trinkt gern a Bier schon zum Frühstücksei,

und raucht a Marlboro danach, oder zwei.

Es scheint, es ist die Kunst der Inge,

das Leben zu nehmen, all seine Dinge.

Ohne sich abzubringen zu lassen, wenn es geht,

das sie mutig ihre Frau im Leben steht!

Und Inge, du hast eine angeborene Neugier.

Und wenn jemand a viertel Stunde redet mit dir,

hast durch kriminalistische Konversation,

wenn'st willst seinen Pin –Code erfahren schon!

Aber du nutzt diese Kunst positiv, wie ein Therapeut,

drum weißt du alles von die meisten Leut´.

Und mancher schüttet aus bei dir sein Herz,

wenn ihn mal drückt ein arger Schmerz.

Mir taugt, du warst aktiv in all den Jahren.

Bist in ur viele Länder gefahren.

Warst sogar in Äthiopien und Sansibar.

Dort war´s oft heiß – das ist schon klar.

Neben Reisen – möchte ich auf einen Punkt eingehen,

der ist aus meiner Sicht besonders schön.

Dass du zusammengehalten hast, wies gehört,

die Familie, sei´s auch eine Patchwork.

So nochmal, weil es keiner glauben mag,

das wir hier feiern - den XX -Tag:

der ist bei dir – Inge- einfach net wahr!

XX ist für uns alle unvorstellbar!

Denn Frau ist so alt wie sie sich gibt.

Du Inge hast über das Altern gesiegt.

Du bist noch jung, das find ich schee,

und das ist zugleich das Ende des Gedichtes zum xx-Day!

Mama 70

Mama du bist nun 70 Jahr

kein Mädl mehr mit dichtem Haar

doch für wahr noch nicht ein Greis

der was er tut und sagt nicht weiß.

Drum nehme ich es ohne Streit

Das du nicht fort willst, schon gar net weit

Sondern lieber am Geburtstag bist zu Hause

Und gratulier dir hier bei der üblichen Jause.

Nicht viel Besonders, keine tollen Geschenke

Es reicht dir schon! Gut, wenn man bedenke

Es war doch auch nicht dein Verdienst

Das du grad seit 4.September in die Welt reingrinst!

So also, lassen wir ihn, den Tag, vergehen

Und wirklich gar nichts soll heut geschehen?

Doch was zu Teufel machen trotzdem die Leute,

ham die nix besseres zu tun heute!

Halt! Ja, da gibt es noch den Spruch,

der stand in einem alten Buch:

Man soll die Feste feiern wie sie fallen!

Und das heißt: man läßt die Korken knallen.

Und ob die Jubilarin das will

Egal, sie halte ein: „Sitz still!"

Und wird, auch wenn sie sich nun kränkt

Einfach überrumpelt und beschenkt.

Gut, natürlich nicht mit einer Million

Weder von den Töchtern noch vom Sohn.

Nein, nicht einmal wir alle zusammen

Haben annähernd soviel, wir Armen.

Aber was machst du auch mit all dem Geld

Das macht nicht glücklich wie man erzählt

Nein es lockt falsche Freunde und auch Diebe,

dabei sucht man doch Spaß und Liebe.

Wer sind sie nun deine Gäste

Sind sie Diebe? Wollen sie das Beste?

Kommen sie schleichen um dein Erbe

Damit dein Vermögen das Ihre werde?

Halt! Auch dieses Problem hast du gelöst

Mit Sicherheit! Ganz bravorös,

du hast kein Bares, und kein Vermögen

um das die diese Leut eh nur betrögen.

Du hast nur Geburtstag, was uns sehr freut

Und wir wünschen es dir grad heut

Das du noch viele hast wie diesen

Nach dem die Krankheiten von dir ließen...

Lass dich ja nicht unterkriegen

Und schlechte Laune das Gemüt besiegen

Hattest du es bisher auch nicht leicht im Leben

Drei so schöne Kinder die sind dein Segen.

Die waren zwar nicht immer brav

Wenn ich das kurz erwähnen darf

Aber dafür, das mußt du eingestehen

Sind und waren sie einfach schön.

Ja, du kannst dich zufrieden nennen

brauchst nicht jammern und nicht flennen

Und wenn man uns drei die Meinung sagen lässt

Mama zum 70er, *"You are the Best"*

Schitzhofer Theo 70

Der Schitzhofer-Theo ist ein toller Mann

Auf den man stolz heut blicken kann

Er ist zwar schon **weiss** auf seine Haar

Doch was nun **schwarz** steht, des ist wahr:

Ein Sportler war er, schon als Knabe

Davon hat er auch manche Narbe

Immer hilfsbereit, das war er stets gerne

Er half mal hier oder auch in der Ferne.

Mit ihm auf Berge, Kili auf allen Vieren

Oder daham mal beim Tarokkieren

dann von der Oper ab ins Theater

nie macht er Rast, der 6-fache Großvater!

Manchmal redet er sehr laut

und das ohne Pause, das jeder schaut

Wo nimmt denn der die Luft daher?

Na Sport bring schon was, bitte sehr.

Bewegung, Rennen, Radl fohrn

Tennis spielen, Nasen bohren

Immer unruhig, tuat sich nie setzten

Außer im Renault zum umadum Fetzen.

Beim Essen ist Theo a gar net haglich

Ob s guat für Mogen is, des bleibt fraglich

Vom Kruspel beim Braten brechen eram ausse die Zähnt,

aber zur Reserve er Dritte eh sein eigen nennt.

Wanns erm beim Radlfoan überschlogt

Das jeder „Pumster-natzl" sogt

Dann steht der Theo auf, beutelt si o

„s´Radl is eh no guat", mei bin i froh!

Beim Schifoarn, breit wi a Autobus,

aber nie Letzter, nie am Schluß

Immer Full Power, immer auf Action

Das bring dem Theo Satisfaction.

Drum Theo, du, trotz Herzinfakt

Bist besser als manch Junger, der da sagt:

„Ab 70 wird ma schwach und immer doofer"

I sag: „Stimmt net, schauts an euch den ***Theo-Schitzoofer***!"

Ferdinand 80

Ich sah in meinem Leben,

von den sogenannten Haudegen,

a paar wohl ziehen durchs Magistrat,

wovon aber keiner hatte Ferdinands Format!

Männer der Worte, denen fehlte oft der Mut,

aber wenn einer tatsächlich was umsetzen tut,

dann zähl diese Männer ich an einer Hand,

und genau so einer war und ist er, unser Ferdinand.

Auch ist bei ihm, ich weiß was i sag,

von 100% Verbindlichkeit, sein fester Handschlag.

Da brauchst kan Vertrag, wenn er was zusagt,

hat sich danach kein Gericht jemals geplagt.

Und auch seine Freunde, die vergisst er nie,

obs wichtige Leut sind oder einfach wie i.

Er ist das, was i nur aus dem Kino kenn,

ein echter Sir, ein Gentleman.

Natürlich hat auch er Macken und Eigenarten,

doch werdet ihr in meinem Gedicht endlos warten,

dass ich davon was preisgeb, jetzt rezitier,

jede Person im Raume kennt sie ohnehin hier.

Nun, ein runder Geburtstag ist so ein Stichtag,

an dem so mancher eine Bilanz ziehen mag.

Was hat man erreicht, was würde anders man machen,

gab es was zum Weinen oder hoff ich, viel mehr auch
zum Lachen.

Ich danke dir Ferdinand, heute dabei zu sein,

in dieser Runde anzustoßen mit dir bei Champus und
Wein,

zu denen zu gehören, die du deine Freunde nennst,

obwohl du in Wien so viele Menschen doch kennst.

Den Frauen und dem Wein warst du nie abgeneigt,

hast frech den Dummen den Finger gezeigt.

Hast nix ausgelassen, immer voll gelebt,

aber das ist es eben, worums im Leben doch geht!

Ferdinand Podkovicz hat vieles bewegt,

für diese Stadt, sein Wien, da hat er gelebt.

Ein Urgestein, ein Kämpfer sein ganzes Leben,

ohne ihn würds so manches hier gar nicht geben.

Aber wir haben uns hier zum Feiern vereint,

ich komm zum Schluss, es ist ausgereimt,

nachdem ich diese Worte hab jetzt vorgetragen,

möcht – wie`s ghört - einen Trinkspruch ich noch sagen.

„Und hat er`s manchmal auch übertrieben,

er ist unser Ferdinand, so wie wir ihn alle lieben.

Die Gläser hoch, stoßt an alle miteinand,

auf den Jubilar, den Podo, unseren Ferdinand."

Giovanni 80

Für das Geburtstagskind Giovanni,

reimen auf Italienisch, nein das kann i

leider nicht, er mag´s verzeihen,

ich versuche ihn somit in Deutsch zu erfreuen.

Ich lernte ihn erst vor 12 Jahren kennen,

konnte aber schon bald gemeinsame Hobbys benennen.

Das sind z.B. alte Autos und guter Wein,

davon schenken wir uns danach gleich einen ein.

Auch ist er wie ich, ein Fan vom „Schönen Wien",

bei hübschen Frauen, ja, da schaut er gern hin.

Und wenn was nicht nach seinem Kopfe mal geht,

dann ärgert er sich kräftig, ganz aufgeregt!

Er ist zusammen mit Ullis Mama, der Nonni -

die heißt eigentliche Inge - und komm i

mit der Ulli sie besuchen unt´ in Klagenfurt,

 ühlen wir uns wohl wie daham bei Ihnen durt!

Er ist gebildet und auch belesen,

ist ja in Brüssel und Luxenburg gewesen.

Und diente dort für die Kommission der EU,

hat sicher mehr verdient als ich es bei der 48er tu!

Nun selbst mit seinen 80 Jahren,

möcht er Kanu auf der Drau noch fahren.

...fährt einen Porsche - wie man siecht,

nur a Flugzeug fliegen, das mag er nicht.

Er ist, wie´s für einen Italiener gehört,

einer der auf die katholische Kirche schwört

Und kann er zu Ostern beim Papst nicht sein

dann schaltet er sich eben den Fernseher ein.

Er fuhr in Wien bei einer Rally mit

und hat gewonnen - welch ein Hit -

einen Preis bei den Vienna Classic Days,

weil sein Porsche a noch sehr „schay is".

Wir kommen zum End von dem Gedicht

Denn 80 Jahre Reimen, das kann ich nicht

Hebt an die Gläser und stoßen wir an

freuen wir uns das wir bei Giovannis Geburtstag san.

Und wünschen wir Giovanni noch viele Jahr!

Gesundheit, Glück und Geld in bar,

sollen ihn begleiten all die weitere Zeit.

Giovanni wird sicher 100, ihr lieben Leut´!

Güntschi, ein Geburtstag

Wie auch immer das Leben läuft

Ob man nüchtern ist oder säuft

Da gibt es kein bissl herumzueiern

der Geburtstag ist heut zu feiern!

Und ohne Wehmut leg es an

Weil man es eh net ändern kann

Und sei nicht traurig sondern froh

Denn Geburtstag hast sowieso!

Heb hoch den Becher mit der Hand

Er sei gefüllt bis an den Rand

Und virtuell stoß ich mit dir nun an,

sag: froh das ma den Güntschi ham!!

Verwirrende Tandler Jahresrede 2015

Liebe Freunde ich freu mich natürlich,

das alles so is wie's is. Und dass es net aunders is ois es is.

Weil wäre es anders als es is, wärs ja net wie's is.

Aber so wie's is, is besser als aunders, wie wenns net so is.

Oiso:

Solls nie aunders sein als is und überhaupt: So wie's is, is.

Is klor wias is?

Blödes und Schüttelreime

Heiliger Antonius, hilf!

Das ich den guten heiligen Antonius

manchmal richtig anflehen muss

liegt an meiner schlampigen Art

wenn bloß net so viel verlieren tat.

Doch ist es von Erfolg nicht immer

mein Niederknien und mein Gewimmer

er hat auch andere zu betreuen

die sich – find er´s dann - genauso freuen!

So bleibt manches Verlorenes für immer weg

da hat dann beten a kan Zweck

Irgendeinem steht er wahrscheinlich gut

mein erst verlorener, eleganter Hut!

Aber seh ich den Typ damit auf der Gassen

werde i erm gradwegs eine verpassen

und sag „sorry" es war mir ein muss

beste Grüße vom hl. Antonius!

Müsliriegel

Isst jeden Tag an Müsli Riegel

Kriegst an riesengroßen Prügel!

Isst du aber keinen

Hast du nur an Kleinen....

Wofür ist Actimel gut?

Täglich hau dir rein ein Actimel!

Is guat fürs Baucherl und Gedärme, gell?

Aber stimmt das? Ist es wahr?

Was die Werbung sagt uns immer da?

Weiß Actimel wo es hingehört

Oder bewirkt es nix – ich wär empört!

Vielleicht fährt es ja in die Leber, ins Blut

Dann wär`s wenigsten für irgendwas guat.

Niemand weiß es genau, ja wo denn

Obs geht in die Eierstöcke oder die Hoden

Hauptsache kauft hast des Actimel

Im 6er pack, greif zu, ganz schnell.

Des Geld is weg, ich hab a Packerl

Vom Actimel Angebot in meinem Sackerl

Der Billa hat verdient, dieser Gedanke kommt schnell:

Aha, also fürs Hirn is es guat, des Actimel.

Die Barbie Puppe

Neulich war ich in so an Schuppen

Dort sah ich diese geile Barbie Puppen

Mit wasserstoffblonde, lange Haar

Das die net echt waren, war mir klar.

Auf high-heels mit Absätzen ganz spitzen

Am Boden zog sie damit Ritzen

Jeder spürte: Sie ist da!

Alle Blicke folgten Ihr bis zur Bar.

Einer hätt´ ihr sofort einen Drink spendiert

Sie hat ihm net einmal ignoriert!

Er dreht sich um, frustriert, ja, jetzt geht a!

Die Musik spielt derweil: „Smooth Operator"

Blaue Augen – wahrscheinlich Linsen

Der Lippenstift verstärkte das Grinsen

Ein Pulli eng an der Wespentaille

Sie weiß was wirkt, diese Kanaillie.

Oben 2 Dinger – fest und prall

Man erwartete ständig einen Urknall

Der überwinden wird des Pullovers Stärke

Und freilegen tät die beiden Meisterwerke!

Ganz vergessen bei dem gelifteten face

Hätte ich beinahe ihr Mörder Gesäß

Es sorgte aus jeder Perspektive

Bei den anderen Frauen hier für eine Krise.

Sie scannte den Raum – schaute sich um

Lächelte MIR zu und winkte - das ICH zu ihr kumm!

Ich stellte mich kurz vor: servus, jo, der bin i

Und orderte cool zwei trockne **Martini**

Und wenn auch so manch einer an dieser Stelle hoff

Sie wäre von nah hässlich oder gar doof

Den sag ich, glaub an kein Klischee

Die Barbie war, von nahe, genauso schee!

Sie sprach in Englisch von Wiener Kultur

Unterhielt sich witzig stets, und nur

net belesen in Physik und Chemie

nein, auch in Philosophie rezitierte sie.

So fiel mir net schwer der Beschluss

Das dieses Vollweib ich haben muss

Am liebsten heute noch, wenn es geht

Schlepp ich die Barbie in mein Bett

Es waren nur einige wenige versteckte Zeichen

Die ließen meine letzten Zweifel weichen

Eine kleine Andeutung „ wir könnten a zu mir gehen"

Reichte für sie ... um gleich aufzustehen.

Schon im Aufzug mussten innig schmusen

Meine Hand fasste direkt auf den Busen

Die Körper schlangen sich ineinand`

Sie fasse mich an, auch unterm Gewand!

Jetzt war´s geschehen, ich war verrückt

Den Not Stopp hab ich noch drückt

Dann fasste meine Hand zwischen ihre Beine

Oh Gott – Sie war alles, aber Barbie wars keine!

Sie war dort wo man normal nichts drückt

Seltsamerweise bestens bestückt

„I thought you knew it! – I´m a man!"

Shit das war nicht Barbie!....das war KEN!

Einstein

Grundsätzlich glaubte ich ja nie

Alberts Einsteins Relativitätstheorie!

doch bei einer Zugfahrt wurde mir klar

das irgendwas Wahres schon dran war

Der Albert machte ja ein Experiment

das jeder Student heute no kennt

er setze sich in einen Zug

worauf sich folgendes zutrug:

Die andern schliefen alle im Abteil

er tat das nicht, und das war weil

er war net müd, es war ja Tag

an dem Herr Einstein nicht schlafen mag.

So war ihm urfad, weil jeder hier schlief

Jede Minute wurde zu ner Stund...er sah, ollas ist relativ!

Fliegenpracker

Hier gibt es eine Menge Fliegen

Die lästig sind, allesamt

tät mich freuen, würd i an Pracker kriegen

Doch die san leider, hier gar no net bekannt.

Lauern würd ich, regungslose

Warten bis sich eine niedersetzt

Auf den Tisch oder meine Hose

hätt´s mein Pracker bald zerfetzt.

Kein Mitleid hätt ich mit dem Insekt

Das nervt ja auch ganz ungeniert.

Erst wenn`s unterm Pracker ist erreckt

mein Urlaub wohl entspannter wird.

Doch wie gesagt auf diesem Eiland

Gibt es keinen Pracker weit und breit

Wasser nur, auch kein Heiland

der an Pracker bringt für all die Leut´.

So bleibt die Insel voller Fliegen

Und gottlos fluch ich vor mich hin

Es ist kein Pracker hier zu kriegen

Ka Wunder das i so grantig bin.

Fremdsprachen

Felicitas das heißt Glückseligkeit

To shout das ist wenn einer schreit

Translate bedeutet übersetzen

Mit shut up, meint man : „tua net schwätzen"

Los lobos e aste hlavista

So sagens in Spanien zu ernare Gschwista

Wenns furtgehn oder kumma dan

Bon jour, nur wenn´s Franzosen sagn.

Alea acte es, is Glückspiel auf Römisch

Und Powidltaschgerl, das is Böhmisch

Güle güle will man sich ins Türkisch wagen

Ephcaristo pflegt nur der Griech´ zu sagen....

Obrigado <u>steht</u> zum <u>Schluß</u> für „danke sehr"

Wer Fremdsprachen kann, versteht einfach mehr!

Knoblauch

Knoblauch das Gehirn sehr stärkt

damit man sich alles besser merkt!

Wer 10 Zechen pro Tag verdrückt

hat die Alzheimer wohl besiegt!

doch Test:

wer diesen Reim sich net merken kann,

der fing wohl zu spät mit dem Knoblauch an!

Zum Schluss

Sailers Abschied

Hört zu ihr Leute, was ich sag

An diesem ganz besonderen Tag.

es ist gereimt, ein Fest-Gedicht

Das sich an den Hans Sailer richt!

Ich mach es jetzt, sonst wäre ich arm

Käme ich beim Reden, nach ihm dran.

Ein jeder weiß, Hans spricht so gut

Das man es besser vor ihm tut.

Ich kenne ihn schon so manches Jahr

Als er noch nicht mal Wasserchef war

Möcht ihn beschreiben als feinen Mann

Auf den man sich – ganz fest -verlassen kann.

Kein Obersenatsrat der alten Schul

die fanden es ja furchtbar cool

ständig den Chef heraushängen zu lassen

waren oft schleimig, und nicht zum Fassen.

Nein, der Hans ist stets kompetent

Beim Wasser er sich bestens auskennt

Aber auch beim Rathaus, diesem Labyrinth

Wo sich ja meist überhaupt keiner zurechtfind.

Englisch, Französisch, Deutsch, Latein

mit Witz und Klarheit, das ist sein.

Als Vorgesetzter, Kollege und Freund

Hat er Wissen, Einsatz und Schmäh vereint.

Er trinkt gerne mal an guten Wein;

Auch sein Zigaretterl, das muss sein.

Und philosophiert mit Herz, und sehr belesen

Was „wirklich sozial" einst ist gewesen.

Er, der „Heimatlose Sozialist"

Der Visionen im Ausschuss oft vermisst....

Hans kurz beschreiben, fehlt mir schwer

So sag ich bloß: wir mögen ihn sehr!

Werde nie vergessen die Würstelrund

Vor jedem Ausschuss die eine Stund

Als ob es schon immer üblich wäre

Brachte er selbst uns Bier und Würstel her.

Jeder von uns, der sich heut besinnt

Weiß, Hans Sailer hat sich Ehr verdient

Wer ihn nicht kennt hat was versäumt

Drum bitte Hans: bleib unser Freund!

Zerobins Ruhestand

Unser Wasser rinnt seit 1000 Jahren,

beim Schneeberg obe in einen Graben.

Schießt weiter dann durch eine Klamm,

bis irgendwann die Fluten in der Kaiserquelle san.

Hier wird geprüft und kontrolliert,

dass ja kein Schmutz den Weg passiert.

Von einem Stollen übers Aquädukt,

schießt es schnell weiter, wie verruckt.

Ist es mal im Rohr, gefangen drin,

hat´s 100 km fast bis nach Wien.

Es blubbert und treibt Turbinen an,

damit wir auch an Strom noch hamm.

Das dies Wasser bei uns aus der Leitung kam,

des passiert alles ganz sicher net von allan.

Bestes Wasser ist garantiert für ganz Wien,

dafür stand 10 Jahre Wolfgang Zerobin!

Zu Beginn als Wasserwerke-Chef nach Sailer,

stritt er anfänglich mit dem Herren der Wildschwein-
Keiler.

Doch kriegten sich die beiden bald wieder ein,

und Janu konnte ihm den Geweihdiebstahl verzeihen.

Auf der Boku studierte er, bevor er kam,

doch im Magistrat fing es feucht dann an.

So manches Graugussrohr war wohl am End,

und so hat „Z" sogar Garagen überschwemmt.

Unverzüglich fing er gleich ins sanieren an,

wobei es mir schon seltsam auch vorkam,

das grad dort, wo Ulli war zu Haus,

tauschte er manche Röhrln gefühlte dreimal aus.

Er war ein Sturkopf, muss ich anmerken,

doch hatte er auch große Stärken.

Z.B. die 31er-Fassade hat er grün gemacht,

und die Kostendeckung auf 100% runter gebracht.

Das Wasser, liebe Freunde, rann nicht von allein,

all diese Zeit in unsere Badewanne rein.

Verlässlich, kompetent und intelligent,

hat Wolfgang das Geschick 10 Jahre gelenkt.

Jetzt übergibt er an einen Jüngeren heut,

möge Wolfgang genießen die gewonnene Zeit.

Sei es Griechenland oder mit uns bei an Bier,

denn er ist immer Willkommen in dieser Runde hier.

Die MA31, Paradeabteilung, unsere Wassewerke,

vertrauten 10 Jahre seiner Kompetenz, seiner Stärke.

Und gut hat er es gemacht für unser Wien,

„Hoch lebe" unser Wolfgang Zerobin!

Der Erich und der Franz

Das grad die Beiden jetzt`a müssen gehen,

des kann i wirklich net verstehen.

Bei einigen hab ich gebetet lang,

dass sie verschwinden irgendwann....

aber der Erich und der Franz?

Na, des versteh i echt net ganz!

Sie waren meine Wegbegleiter,

wir brachten gemeinsam urviel weiter.

Mit Franz war ich in der ganzen Welt,

a Freundschaft, die auf ewig hält!

Mit Erich machten wir die Gartenmesse,

was ich ihm niemals mehr vergesse!

Es ist als geht ein Teil von mir

mit euch hinaus bei dieser Tür!

Ich mag das gar net akzeptieren,

könnt's ihr mein Kummer gar net spüren?

Nix wird mehr so wie früher sein,

wenn's ihr zwei G`fraster lasst mich allein.

Was ich - trotz Groll - nun sagen will,

die 48er verdankt euch viel!

Ihr ward beide ein echtes Unikat,

was keine Abteilung so mehr hat.

Loyal ward ihr, höchst effizient,

so hat man euch zwei überall kennt!

Mehr als nur ein Kollege, der seins vollbringt,

einer dem´s taugt, den man nie zwingt.

Der Grund, warum ich gern bei der Arbeit war und bin,

für unser schönes, sauberes Wien!

Net immer einfach, aber kompetent,

euch jeder hier im Raum so kennt.

Ich freu mich, dass ich euer Chef lang war,

wir kennen uns mehr als 30 Jahr,

und das ich auch euer Freund durfte sein,

das macht mich stolz, so soll's weiter bleim!

Ich wünsche mir von Herzen heut,

ich glaub i sprech´ hier für alle Leut:

Bleibt gesund und genießt die neue Zeit,

verbringt sie mit Familie, oder reist weit,

geht Hobbys nach, aber erkennt bitte schon,

WIR zahlen grad ein eure tolle Pension!

Dafür müsst ihr, das ist der Pakt,

uns oft besuchen, und wenn ihr es wagt,

aus unseren Augen fortzugehen,

ohne zu sagen was ihr tut und mit wem,

dann kürzen wir euch dieses fürstliche Salär,

und glaubt es mir, das fällt net schwer.

Bleibt's aber Freunde, und lad's uns öfter ein,

so soll auch keine Nachred, ka schlechte sein!

Lieber Erich, lieber Franz, meine Freind`,

ich werde euch vermissen, das ist es, was ich hab
    g`meint.

Was ihr für die 48er und Wien habt getan,

davon spricht man sicher noch in a paar Jahren.

Ich hoffe, das auch wenn ihr aus der 48er nun geht,

unsere Freundschaft so wie heut a weiterbesteht!

Zum Abschied von Wolfgang Schifferle

Wenn da Wolfgang des Magistrat verlosst,

heißt des net, dass er uns deswegen alle hosst.

Der Wolfgang war ja schon bei der Polizei

und auch beim MBA dabei.

Er ist, des sagt es aber scho,

mit dera Hocken so nimmer froh.

So stelle man sich schon kritisch de Frog´,

ob unter dem Rahmen einer sei` Hocken tuan mog?

Er will boid was anders jetzta mochen,

sollen de Depperten ruhig keppeln oder lochen.

Also i find des eigentlich wirklich gut,

waun er weiss a will, dann konsequent a tut.

Der Wolfgang wird Erfolg ham, womit weiss der Geier.

I weiss er wird´s schaffen, weil der Typ der hot Eier!

Net feig und a an echt trockenen Schmäh.

Wolfgang mochs guat, gfrei mi waun i di boid wieder
seh!

Nur nix erben

Von all den nahen und fernen Verwandten

den Onkeln, Cousins, Neffen und Tanten

möcht i - bei Gott - sicher nix erben

wenn ana von denen muss amoi sterben!

Auch im scheensten Schrebergarten

tät nur Arbeit auf mi warten

und ein Haus ist ein Garant

für einen riesen Zeitaufwand!

Auto hab ich eh schon eines

also noch eins? Brauch i keines!

Altes Gewand, also ehrlich wast

mir ist lieber wenn mir was passt.

Möbel, Kastel, Tisch und Stuhl

des was i eh hab find i sehr cool

bleibt nur ans was i gern hätt

des ist erna ganzes Göd.

Doch wegen dem Streiten wär mir zu bled

weil i eh net wüsst was i mir kaufen tät!

und hätt einer woin das ich sei Geld krieg Heit´

dann hätt er mir´s geben können zu seiner Lebzeit.

Drum, wenn einer stirbt spüits von mir erm an Marsch

aber mich Herr Notar, bitte Leckens am Arsch.

Pfiat euch Gott

Pfiat euch Gott, i nimm mein Huat

ja, i weiß, jetzt laufts grad guat

aber soll i vielleicht erst dann geh

bis wir uns irgendwann nimmer versteh?

Mir hatten eh eine super Zeit

es seids echt leiwande, klasse Leut

aber mir ham sich jetzt scho alles gsagt

und was erlaubt is, a scho gfragt.

Mir ham zu der Gitarre Liada gsungen

und a des Tanzbein ham ma gschwungen

und jeder hat seine Gschicht erzählt

so a Stimmung kannst net kaufen, net für viel Geld.

Möcht lieber beim Gehen der Erste sein

als der letzte am Feuer, ganz allein

trinken hör i a auf, bevor ich wanke

sag leise tschüss, und nomoi Danke!

Mei Obgaung

Also bin i nun gaunga, s'war eh scho Zeit

es war ein feins Leben, mir tuat kaum was leid!

Und während ihr umadumstehts, schauts auf mei Leich

schau i von oben obi, direkt auf Eich.

Betrauerts mi net, ich habs hinter mir

de was an lad tun sollten, na des seids ihr.

Ihr habs es versäumt, mit mir manches zum klären

no während meiner Lebzeit, also no vorm meinem
    Sterben!

So hättets mi frogen können, ob i eich verzeih

das blöd von mir gredt habs, nau guat, i verzeih euch
    jetzt glei.

Habs meine Absolution, tuat's aber a kan mehr

   ausrichten

und über erm erzählen so erfundenen Gschichten.

Mei Frau und meine Kinder, sollen ollas von mir haum

a des bissl an Geld, und es werds das net glaubn

von meine Gitarren wird sie euch jeden ane übergem

aber passt ja guat auf, tat's as in an Koffer einelegen.

CD`s, oide Plotten und den andre Schmafu

teilts ollas untranaund auf, und weg seis im nu

mein Klumpert verscherbelt, streits net um des Geld

des is gar net so wichtig, in unserer Welt.

Zu der 48er, da muss i eich schon no was sagn

Bevors mich mit er Kisten jetzt glei außitrogen

dort war i gern, des hot mi sehr gfreit

den 48 ern möchte i dank sogen, zum letzten mal heut.

Und meine Kinder de hob i geliebt

Wies des nur zwischen dem Papa und Kindern hot gibt

I möchte, das ihr erna helfts bei ernan Lebm

Des müsst ma versprechen, am Grob, beim letzten Segen.

A Vorgeschmack am Himmel des wor Ulli, mei Frau

Und i für mich, ich weiß leider so genau

Sie wird a Weile lang sehr traurig jetzt sein

Aber dann solls wieder Leben, und glücklich solls sein.

Meine Freund mit denen ich in de Bergen oft wor

Denen dank ich von Herzen, und wenn i in Himmel aufi fohr

Dann werd ich euch beobachten und a bissel neidig sei

Wenns ihr geht's am Gipfel und i bin net dabei.

Die Band, mit dera ich jahrelang spüin hob dürfen

De meine selbstgstrickten Lieder singa haum müssen

Denen sog ich, ich danke euch, spüit weida solang's eich freut.

Und heut sing no ans, für die anwesenden Leut.

Ich möchte ollen andern sogen: „hob eich gern ghobt"

Ich hob's leider nur viel zu selten eich so gsogt

Das könnts ihr aber noch gscheiter als ich mochen,

also erzählts euch beim Heurigen lauter leiwande
Sochen.

Von mir und von der guaten alten Zeit

Wie wir no viel jünger waren als heut

Was waren wir locker und a guat drauf

Na ja das ist wohl der Zeiten stetiger Lauf.

Tschüß, bleib´s ruhig a Wengerl auf der Erd no do

I hab eh no an Weg, ins Fegefeuer oder so

Weil immer brav des wor i wahrlich net

Na ja, was soll i bereuen, jetzt is eh a zu spät.

Es ist beim Abgang wia mit an guaten Wein

Guat oder schlecht ? Bestimmt a jeda von euch allein

Und denks no amoi an mi, stoßt heut auf mi an…

Daun packts euch zaum und geht's endlich ham!

Über den Autor:

Josef Thon wurde am 1. Mai 1961, um 23.50 Uhr in Perchtoldsdorf geboren. Er lebt in Wien Ottakring, ist super verheiratet, hat zwei tolle Töchter und leitet seit 2004 die MA 48. Zudem spielt er mit Freunden in der 48er Tandlerband. Er war weder gut in Deutsch, noch kann er Noten lesen. Aber beides - Gedichte schreiben und musizieren - machen ihm großen Spaß.